刑法の旅　2

ヨーロッパ (1)

森下　忠

信山社

はしがき

著者は、一九八四年（昭五九）以来、『判例時報』誌に「海外刑法だより」と題して、ほぼ毎月、いろいろのテーマについて小稿を掲載している。歳月の経《た》つのは早いもので、この連載ものは、近く執筆二五〇回を迎える。

このシリーズについては、多くの読者から「ユニークで興味深い。最新の海外刑事法の事情を知ることができて、参考になる。それらを一書にまとめて出版してほしい。」という要望が寄せられている。その要望に応えて、一九九八年（平成一〇）、『刑法の旅 1』を公刊した。それから引き続いて公刊する予定であったが、ライフワークとする国際刑法の研究に没頭しているうち、幾歳《いくとせ》かが経過して、ようやくこのたび『刑法の旅 2』の公刊にまで漕ぎつけることができた。

本書には、折々に心を惹かれたテーマにつき随筆風にまとめたもの三六篇が収められている。その中でメイン・テーマとも言うべきものを挙げるとすれば、次の二つになるべきであろう。

その一は、フランス刑法典の全面改正をはじめとして、ヨーロッパ評議会（Council of Europe）の主宰の下で締結された諸条約、それに関連して諸国で作られた法律案、新立法などである。その中でも、マネー・ロンダリング（資金洗浄）（以下「マネロン」という）に関するものが多い。

マネロンは、麻薬の不法取引、恐喝、経済犯罪等から得た「汚れたカネ」（dirty money）を銀行等を経由することにより「きれいなカネ」（clean money）にすることを意味する。その起源は、一九二〇年代、三〇年代にアメリカ・マフィアが酒やたばこ、麻薬の不法取引を行い、それから得た不法収益の隠匿をした行為を警察関係者が「カネの洗濯」（money laundering）と呼んだところにある。

今や、マネロンは、国越的（transnational）組織犯罪集団によって巧妙かつ大規模に行われており、その制圧のための立法と政策を促進することは、諸国の連帯的義務となっている。

その二は、イタリアにおけるマフィア誕生の歴史、変遷、対策立法などに関するものである。由来、イタリアは、ラテン文化の華咲く国であって、「刑法学の祖国」と呼ばれており、イタリア学派は大陸法系の諸国に大きな影響を及ぼした。

しかるに今や、イタリアは、国際マフィアの本場と言われるようになり、そこでは、政治・経済の各分野にはびこるマフィアを制圧することが国を挙げての重要課題となっている。物好きな著者は、初めのころ、興味のおもむくまま、マフィアに関するイタリア語の文献を読んでいたが、しだいに考えが変わってきた。「マフィアのことは、対岸の火事のように考えるべきではない。日本でも本腰を入れて組織犯罪対策に取り組むべきである。」と考えるようになった。

わが国の「ヤクザ」（yakuza）は、現今では国際的に広く知られる存在となり、とりわけ中国や東南アジアの黒社会と手を結んで、あらゆる形態の組織犯罪を遂行し、「新ヤクザ」として変容を遂げている。この意味でも、イタリア・マフィアの実態を知ることは、わが国における組織犯罪対策の推進に大いに役立つと思われる。

日弁連（日本弁護士会連合会）の民暴委員（民事介入暴力対策委員）らは、二度にわたってイタリアを訪れて、マフィア事情を調査した結果、「うかうかすると、日本はイタリアの二の舞になるのではないか。」という深刻な危惧感をいだいて帰国した。日弁連の民暴委員会は、イタリアでの調査を報告書として公にしたほか、フランス、ドイツ、米国などにおける組織犯罪の実情、制圧立法などについても貴重な研究成果を刊行している。

二〇世紀の後半以来、世界は、政治的・経済的に大きな転換期を迎えた。一九九〇年には、東西ドイツが念願の統一を実現した。翌九一年には、ソビエト連邦の崩壊・分離が行われた。そして、一九九三年には、ＥＣ（ヨーロッパ共同体。一九六七年に発足）がＥＵ（欧州連合）に移行した。このような世界情勢の下で、犯罪とその対策のグローバル化の波は、日本にも押し寄せてきている。このような諸情勢をふまえて、できるだけ新しい情報を取り入れるべく、初出時のものに加筆・訂正し、アップトゥデートをはかった。本書が読者諸氏にこうした問題を考える機会を与えることともなれば、幸いである。

本書を刊行するにあたっては、信山社の今井貴社長から格別の配慮にあずかり、また、同社編集部の皆さんのご協力を得ることができた。心から感謝申し上げる。

二〇〇五年一〇月

森　下　　忠

刑法の旅 2　目次

目　次

刑法の旅　2

ヨーロッパ（1）

1　ヨーロッパ評議会の活動

＊　一九四九年に西欧の政治的・経済的統合のために設立された国際協議機関▼刑法・刑事政策の推進に重要な役割を果たしている

一　ヨーロッパ刑法への道

このごろ、「ヨーロッパ刑法」という言葉が、文献に登場するようになった。

すでに一九七〇年には、ブリュッセル自由大学から『ヨーロッパ刑法』(Droit Pénal Européen, Europees Strafrecht, European Criminal Law) と題する、六六五頁に及ぶ大著が刊行されている。[1] この横文字の書名から察せられるように、本書には、フランス語、オランダ語および英語の論文が収められている。

「ヨーロッパ刑法」といっても、ヨーロッパ刑法典 (Code pénal européen) が存在するわけではない。将来、そういう法典が登場することになるかも知れないが——。なにしろ、「国際刑法典草案」(Draft International Criminal Code) が発表される最近の状況である。[2] 一九七三年には、リゴー (M. Rigaux)(リエージュ控訴院検事長) の「ヨーロッパ刑法への道」と題する論文が、発表された。[3]

ここにいうヨーロッパは、西ヨーロッパの自由主義国を意味している。それらの国は、もとより固有の刑法典を初めとする刑罰法規をもっている。刑法は、法の分野では、最も国家性の強いものである。そこでは、刑法における国家性の原則が、伝統的に維持されている。

ところが、西ヨーロッパの政治的・経済的統合が進められるにつれて、刑法における国家性の原則が、しだいに緩められるようになった。いわば、小異を捨てて大同に就こうとする動きが台頭し、新しい立法によって共通の刑事司法（ここでは、広い意味で用いられている）を推進する試みが、現実のものとして歩み出したのである。「ヨーロッパ刑法」という言葉は、こうした背景の下に生まれた。

この新しい動きの推進役をつとめているのは、ヨーロッパ評議会（Council of Europe, Conseil de l'Europe, Europarat）である。

ヨーロッパ評議会は、一九四九年、西ヨーロッパの政治的および経済的統合をめざして設立された国際協議機関である。原加盟国は一〇カ国であったが、二〇〇五年現在、四六カ国が、これに加盟している。

これまで、わたくしは、ヨーロッパ評議会がいくつものヨーロッパ条約等の締結を初めとして、国際刑法およびヨーロッパ刑法といわれる領域で大きな仕事をしてきたことを、しばしば紹介した。ところが、わが国には、ヨーロッパ評議会とＥＣ（ヨーロッパ共同体）とを混同する学者や実務家が、今なお跡を絶たない。

ＥＣ（ヨーロッパ共同体）は、ヨーロッパ石炭鉄鋼共同体（ＥＣＳＣ、一九五二年）、ヨーロッパ経済共同体（ＥＥＣ、一九五八年）、ヨーロッパ原子力共同体（ユーラトム、一九五八年）の三つの共同体が、それぞれの最高機関および執行機関を条約（一九六五年四月調印）により統合し、一九六七年七月一日からＥＣとして発足したものである（ＥＣは、一九九三年、ＥＵ（欧州連合）として発足した）。

ＥＣの加盟国は、一九八四年には、ベルギー、西ドイツ、フランス、イタリア、オランダ、ルクセンブルグ（以上、原加盟国）、デンマーク、アイルランド、イギリスおよびギリシャの一〇カ国となり、その後、英国、スペインなどが相次いで加盟した。ECの本部は、ベルギーの首都ブリュッセルにある。

このように、ECは、経済的な面でのコミュニティ（共同体）である。最近では、農産物の問題で、ECは大揺れに揺れている。

ヨーロッパ評議会は、ECとは別個の機構である。両者は、はっきり区別する必要がある。刑事法や刑事政策の問題を論ずるとき、われわれに縁があるのは、ヨーロッパ評議会である。その本部は、フランスのストラスブール（Strasbourg）にある。

二　ヨーロッパ諸条約

ストラスブールは、フランスの北東、ドイツとの国境に近い所にある美しい都市である。かつて、普仏戦争（一八七〇年）に敗れたフランスは、アルサス・ローレン地方をドイツに割譲した。その結果、この地方の中心であったストラスブールは、ドイツ語でストラスブルグ（Straßburg）と呼ばれるに至った。第二次大戦後、アルサス・ローレン地方は、再びフランスの領土となった。

ストラスブールの街並みにドイツ的なふん囲気がただよっているのは、こうした歴史的事情による。ストラスブールにおける代表的モニュメント（記念物）は、なんといっても、あのすばらしいカテドラル（司教座大聖堂）である。

あのゴチック風の巨大なカテドラルは、中世フランスの篤いカトリック信仰の証（あかし）として建てられたのであろう。ストラスブールのカテドラルは、とりわけ、一二世紀から一五世紀にわたって取り付けられた美しいステンドグラスで有名である。ステンドグラスといえば、シャルトル（Chartres）（パリ

ドイツ的ふん囲気のただようストラスブールの街並み

の南西九六キロ）のカテドラルのそれが、最高の傑作といわれる。ストラスブールのカテドラルのステンドグラスは、シャルトルのそれと並ぶものとして有名である。

当然、国の内外から来る巡礼者や観光客は、引きも切らない。おもしろいことに、ここでは、フランスの通貨と並んで、ドイツ・マルクが、事実上、通用している。カテドラルの祭壇に供えるローソクも、「一本○フラン、○マルク」というふうに値段が書かれてあるし、みやげ物店で絵はがきなどを買うのも、すべてこの調子である。

ストラスブール近辺の住人は、しばしば国境を越えてドイツ領に入り、そこで安いたばこやガソリンを買って帰る。市内の庶民向けのレストランでは、周辺諸国からやって来たらしい労働者が、それぞれの母国語で語り合っている。

このような歴史と特色をもつ都市ストラスブールに、ヨーロッパ評議会の本部が置かれている。本部がパリに置かれなかったのは、そのような国際機構本部のパリ集中を避ける意図によるものでもあろうが、特定国の首都から離れた静かな都市で西ヨーロッパの法律・政治の問題を考えることが望ましい、とされたからであろう。

ストラスブールの古い街並みは、長い歴史を物語るかのようで、遊子の旅情をそそるものをもっている。その古い街並みとは別の方向にパレ・ド・リュロープ（Palais de l'Europe）、直訳すれば、「ヨーロッパ宮殿」がある。ここには、ヨーロッパ評議会の本部とヨーロッパ議会(European Parliament, Parlement Européen）が置かれている。いま、パレ（palais）を「宮殿」と訳したが、パレには、宏壮な邸宅、館、裁判所という意味がある。パレ・ド・リュロープというときの「パレ」は、後者の意味の方が適当かも知れない。

さて、ヨーロッパ評議会は、構成国間のより緊密な結合を実現するために、刑事法の領域で、いわば国境の壁を低くし、やがては国境の壁を取りはずすべく、いくつかの条約草案の作成作業をし、構成国間で条約締結をするに至らせる努力をした。

刑事法に関係のある条約としては、ヨーロッパ犯罪人引渡条約(一九五七年)、ヨーロッパ刑事司法共助条約(一九五九年)、ヨーロッパ刑の猶予者及び仮釈放者の保護観察条約(一九六四年)、ヨーロッパ道路交通犯罪処罰条約(一九六四年)、ヨーロッパ刑事判決の国際的効力条約(一九七〇年)、ヨーロッパ刑事訴追の移管条約（一九七二年）などを挙げることができる。これらの条約については、拙著『国際刑法の新動向』国際刑法研究第一巻（一九七九年、成文堂）で、くわしく説明した。その後、これらの条約については、署名国と批准国が増加しているし、拙著刊行後、発効したものもある。

条約としては、上記のもののほか、ヨーロッパ未成年者の送還条約（一九七〇年）、ヨーロッパ人道に対する罪及び戦争の罪の無時効性条約（一九七四年）、テロ行為防止ヨーロッパ条約（一九七七年締結、一九七八年八月四日発効）、受刑者移送条約（一九八三年締結。一九八五年七月発効）およびヨーロッパ犯罪被害者補償条約（一九八三年締結。一九八八年二月一日発効）を挙げることができる。

このうち受刑者移送条約（Convention on the Transfer of Sentenced Persons）には、「ヨーロッパ」という名前が付いていない。それは、この条約の内容が、単にヨーロッパを中心とする地域に限られず、より広く、国際的な規模で規律運用されることが望ましいものだからである。この条約の署名国は、一九八三年一二月一日現在、一六カ国に達している。米国とカナダが署名していることが、注目を惹く。

この条約によれば、例えば、イタリア人がフランスで罪を犯して自由刑の確定判決を受けた場合、フランスから受刑者をイタリアに移送し、イタリア法に従って服役させることになる。

いま、世界的に大きな問題の一つは、諸国の刑事施設における外国人被拘禁者の増加である。国によっては、全被拘禁者のうち、外国人が二〇ないし二五パーセントを占めている。それらの外国人を母国で服役させようというのが、本条約の内容であるし、一九八五年に開かれた第七回国連犯罪防止及び犯罪者の処遇会議の議題の一つでもあった。日本は、二〇〇三年にこの条約に加入した。

考えてみると、外国で確定した刑を内国で執行するというのは、伝統的な刑法における国家性の原則からすると、夢物語であった。だが、今や、それは、放置することのできない、現実の必要に迫られた切実な課題なのである。

ヨーロッパ犯罪被害者補償条約は、一九八三年一一月二四日にストラスブールで締結された最も新しいヨーロッパ条約である。この日、この条約に署名したのは、デンマーク、フランス、西ドイツ、ギリシャ、ルクセンブルグ、オランダ、ノルウェイ、スウェーデンおよび英国の九カ国である。

この条約によれば、犯罪地国は、故意の暴力犯罪により直接、身体に重大な害を被った者および死亡者の遺族に対し、他の手段では完全な賠償がなされないとき、補償をすべき義務を負う(二条)。補償の範囲は、収入の喪失部分、医療費、葬儀費用および遺族の生活費であって(四項)、かなり広い。締約国の権限のある当局は、最大限に広い援助を相互に行わなければならない(一二条)。

犯罪被害者補償も、国際的広がりにおいて強力に行われることが要請されるに至った。

(1) Université Libre de Bruxelles, Droit Pénal Européen, 1970, PUB., Belgique.
(2) Bassiouni, International Criminal Law. A Draft International Criminal Code, 1980. Sijthoff & Noprdhoff, The Netherlands.
(3) Rigaux, Sur la route du droit pénal européen. Rev. de dr. pén. et de crim., 1972-73, n°. 3. p. 643 et s.

(判例時報一一〇四号、一九八四年)

〔追記〕　二〇〇五年九月現在、受刑者移送条約の批准国(又は加入国)は五八カ国に達している。このほか、二〇〇五年一一月一日に二カ国につき批准が発効する。受刑者移送条約については、拙著『刑事司法の国際化』(一九九〇年、成文堂)七九頁以下、一一二頁以下参照。

2 ラドガ湖の馬

一 千頭の馬、哀れ

『ラドガ湖の馬』(Les chevaux du Lac Ladoga) と題する興味深い本が、一九八一年にパリで出版されている(プロン出版社Librairie Plon)。著者は、アカデミー・フランセーズの会員ペイルフィット(Alain Peyreffitte)氏である。こういうよりも、前司法大臣ペイルフィット氏といえば、わが国ではわかりやすいかも知れない。

彼は、一九六八年の五月暴動、つまり、フランスの大学紛争のころの文部大臣であった。彼は、その後、司法大臣となり、一九八一年二月に来日した。広島にもやって来て、原爆慰霊碑に花輪を捧げ、広島刑務所を参観した。聞くところによると、すごい勉強家だそうである。広島での昼食会の折にも、「広島刑務所の工場の作業は、すばらしい。作業の注文は、どこから取り、どのようにして確保しているか」とか、「日本には、交番と駐在所がいくつあり、それにどれだけの数の警官が勤務しているか」とか尋ね、それをしきりにメモしていた由である。

さて、『ラドガ湖の馬』の話は、聞くも哀れな物語である。

一九四二年の酷寒の初め、フィンランドの南東に位置するラドガ(Ladogaフィンランド語では、Laatok-

＊ペイルフィット(仏元司法大臣)著**『ラドガ湖の馬』**▼一九四二年の冬、フィンランド軍の手でレコッラの森に放たれた猛火に追われた千頭の馬が湖中で凍結死▼火と氷の悲劇

ka）湖は、ひどい寒さ――フランス語で「狼の寒さ」という――に襲われた。この湖は、ヨーロッパ最大で、面積約七一〇〇平方マイルあり、南北の最長は一三〇マイル、最も深い所で七三二フィートある。約七〇の河が、ここに流れ込んでいる。五月から一〇月までは、氷に覆われることはない。

一九三九―四〇年のフィンランド＝ソ連戦争までは、この湖の北部はフィンランド領であった。しかし、一九四七年に締結された両国間条約で、この部分は、ソ連領となった。

一九四二年の初冬といえば、第二次大戦のさなか、フィンランド軍は、カレリー(Carélie)地峡でレコッラ(Raikkola)の森に火を放った。そこには、ソ連の砲兵隊が集合していたからである。フィンランド軍の幹部たちの後には、約千頭の馬がいた。その馬たちは、騒ぎに驚いて目をさまし、パニック状態に陥り、猛火を避けるために、走ってラドガ湖に逃げこんだ。

馬たちは、水面の上に首を出したり、後脚で立って、寒さと恐ろしさにふるえながら、対岸に泳ぎ着こうと試みた。だが、突然、ガラスが割れる時に発するような音響とともに、湖の水が凍り始め、馬たちを閉じこめ、ついに氷で身動きできなくしてしまった。

夜が明けた。焼野が原となった森の彼方に、フィンランドの兵士たちは、こちらに何百頭、あちらに何百頭という馬を湖の中に発見した。霧氷が、青白いマントをかぶせたように、馬たちの首を覆っていた。馬の見開いた眼には、まだ焔の恐怖が残っているかのようであった。こうして、その冬の間、約千頭の馬は、湖の氷の中に死せる骸を閉じ込められたのであった。

ペイルフィット氏は、この物語をマラパルテ（Curzio Malaparte）の『カプット』(Kaputt）という小説（一九四六年にフランス語に訳された）から取材したようである。マラパルテにとっては、これらの馬は、キリスト教的・農民的で、航行不能になり、自殺的な古いヨーロッパの象徴と映った。

それにしても、なぜ、突然、湖は凍ったか。当時の湖は、凍結する程度の温度であったらしいが、火焔にあおられた千頭の馬が湖に入れば、少しでも凍結の時点は遅くなったはずである。だが、無情なるかな、馬の群が湖に入ったちょうどその時、北風が襲来し、たちまちにして地表も海も湖も凍らせてしまったのである。

それでは、北風の襲来で、たちまち湖が凍結するのか。ラドガ湖は、北緯六二―六三度あたりに位置する。そこの酷寒時の北風の恐ろしさは、われわれには理解できない。原作者マラパルテによれば、氷のように純度の高い水をたたえる湖では、普通、零下一〇度になるまで凍らないのであるが、この時は千頭の馬の突然の侵入によって、水の微分子が凍結を開始した。つまり、湖の凍結をもたらしたのは、かの馬たちであった。

『ラドガ湖の馬』の表紙は、青白い氷の湖に閉じ込められた無数の馬が、あるいは頭を水面上に出し、あるいは後脚で立って氷の上に抜け出ようとしたまま息絶えた様子を画いた、色刷りの風変わりなものである。湖の彼方では、燃えさかる森の焔が、空をまっ赤に染めて天に冲するばかりである。そのコントラストは、悲劇的でさえある。

火と氷。それは、あまりにも対照的な現象である。ラドガ湖の馬は、進めば火に焼かれ、退けば氷に閉じ込められた。両極端な火と氷の間に、救いの道はなかったのか。

由来、フランス人は、個性を重んじ、独創性を尊ぶ。芸術をこよなく愛するフランスの伝統は、こうした国民性によってはぐくまれた。それは良いとして、裁判において裁判官の個性が発揮されると、どうなるか。火のような裁判官Aと氷のような裁判官Bが、それぞれ単独裁判官として裁判したとすれば、その判決に大きな違いが出るであろう。それゆえ、フランス人は、単独裁判官の制度（単独制）に対し、伝統的に強い不信感をいだいている。

それでは、合議制にあっては、問題は解消されるのか。合議制にあっても、各裁判官が個性を発揮したら、あるいは当該合議体の特色ぶりを発揮したら、どうなるか。ペイルフィット氏は、『ラドガ湖の馬』において、このことを取り上げ、裁判で大切なのは公平ということだ、と論じようとするのである。

二　火と氷の間の司法

『ラドガ湖の馬』には、「火と氷の間の司法」（La justice entre feu et glace）という副題がついている。本文四〇〇頁を超える本の内容を概略にせよ伝えることは無理であるので、興味のありそうな個所を拾い上げてみよう。

裁判は、「人民の名において」（au nom du peuple）行われる。それを端的に示すのが、重罪事件に対する参審裁判である。重罪法院（cour d'assises）の部（判決裁判所）は、くじで選ばれた九人の参審員（jurés）と三人の裁判官で構成され、八人の多数決で有罪認定をすることができる。参審員は、刑の量定をも行う。そのため、量刑に大きな差が出てくるのだ。

参審裁判では、しばしば無罪が言い渡される。有罪の場合でも、同じような犯罪について、部が異なると、宣告刑に大きな違いがある。たとえば、謀殺について、死刑（一九八一年一〇月に廃止された）のことあり、三年の拘禁刑で執行猶予付きのことがある。また、麻薬売買の累犯者が四〇年の懲役に処せられることあり、二〇フラン（約六〇〇円）の罰金のことあり、という具合である。

そこで、くじ引き裁判（justice-loterie）という言葉が出てくる（原書三五頁）。つまり、裁判というのは、くじを引くようなもので、運が良ければくじの大当りにも似て無罪、運が悪ければ極刑、ということを意味するようである。

このような状態に国民が満足するはずがない。国民の間に不満が生じ、また、新聞がきびしい裁判批判をしているのには、理由がある。

参審裁判でなくても、階級裁判（justice de classe）の実例がたくさんある。たとえば、駅で旅行者に金銭をねだっていた五〇歳ぐらいの男は、乞食行為をしただけであるのに詐欺罪で訴追され、一〇週間も未決勾留された。自転車泥棒をした北アフリカ人は、六カ月、刑務所に入れられたのに、同じ裁判官が、数百万フランの横領をした業界人には、刑の執行猶予を宣告した。

不公平な裁判は、白カラー（white collar）犯罪者についても見られる。フランスには、一九世紀以来、「金持ちが貧乏人より正直だという証拠は、金持ちがパンを盗むのをだれも見たことがないということである。」という諺（?）がある。

しかるに、今日でも司法は、貧乏人に対してあまり寛容でない。これに反し、白カラー族の犯罪（空手形の発行、所得の不正申告、横領など）は、あまり訴追されていない。

法律は、国民の自由を保障し、守護するべきであるのに、その自由は、関節不随（libertés ankylosées）になっている。その一例が、未決被拘禁者の過剰だ。一九八〇年には、フランスの刑事施設に約四万人の被収容者がいたが、そのうち約四五パーセントに当たる約一万八、〇〇〇人が、被疑者および被告人である(ちなみに、フランスの人口は、当時、約五、四〇〇万人である)。彼らは、軽罪裁判所の裁判を受けるまでに平均六カ月、また、重罪法院の裁判を受けるまでに平均二年半も未決拘禁されている(注。重罪については、起訴前勾留の期間に制限はない)。これが、「無罪の推定を受けている者」(présumés innocents)の現実の姿である。

だが、裁判官を非難攻撃すべきではない。処理すべき事件が多すぎるのである。一九七八年に検事局が受理した告訴、告発および警察からの送致事件の数は、一、五〇〇万件に達した。そのうち、四二〇万件は、起訴猶予になった。軽微な軽罪事件の被害者は、司法当局は事件処理をあきらめていると憤慨している。それでも、一九七九年には、第一審の裁判官は、一人あたり六、一七六件の裁判を行った。一六年前には、一人あたり年間一、三三四件であったのに——。

このほか、司法官(magistrat. 裁判官と検察官を含めた名称)の側には、司法職の女性化(féminisation de la magistrature)という悩みがある。女性の司法官が増えつづけているのだ。一九七六年には、司法官試験の合格者は、男一二四人、女一三一人であった(注。弁護士試験は、別に行われている)。一九八〇年には、全司法官の四分の一が女性であったが、一九九〇年には、全司法官の半分近くを女性が占めることになろう。

女性司法官(裁判官になることを希望する者が多い)の年齢は、一般的に若い。そのため、産前産後の休暇を取る者が続出し、その休暇中の仕事を埋めるために、どこにでも飛んで行って職務の代行をする司法官(《volant》 de magistrats)(産休要員司法官)を用意しなければならないことになった。ちなみに、フランスでは、一九八四年現在、裁判官だけでも約五、〇〇〇人いるそうである。

ペイルフィット氏の著書『ラドガ湖の馬』には、いろいろなことが書かれている。もともと、ペイルフィット氏は、作家であって、小説、エッセーなどを三十数年も前から書いている。『ラドガ湖の馬』は、学術書というよりも、作家による裁判批判の書といった感じのものである。

それにしても、現職の司法大臣が裁判批判の書を公刊するとは、興味深い。フランスでは、弁護士の側からする裁判批判の書なども出版されているので、それらと照らし合わせて読むと「裁かれる裁判所」の実態が、いっそう明確に浮かび上がってくるであろう。

＊　＊　＊

一九八三年五月、フランスに左翼政権が誕生し、司法大臣は、バダンテル（Badinter）氏となった。

（判例時報一一二二号、一九八四年）

3 西欧の近代的刑事政策

＊ 犯罪の増加と刑事施設の過剰収容に対処するために考え出された新しい対策▼自由刑に代替する公益労働・非犯罪化など

パリにある国立のフランス比較法研究所（Centre Français de Droit Comparé）に、一九七三年、刑事政策研究所（Centre de Recherches de Politique Criminelle＝C.R.P.C.）が併設された。所長は、国際的に有名なアンセル（Marc Ancel）氏である。この研究所は、刑事政策雑誌（Archives de Politique Criminelle）をはじめ、多くのすぐれた書物を刊行している。

一九八三年一〇月二七日、この研究所の創立一〇周年記念式典が、司法大臣バダンテル（Robert Badinter）氏、破毀院院長シュメルク（Robert Schmelck）氏をはじめ、内外の有力な学者や実務家多数の出席を得て、同研究所で盛大に行われた。その様子は、創立一〇周年記念号である刑事政策雑誌第七号（一九八四年）に掲載されている。

この雑誌には、司法大臣の祝辞のほか、二二の論文が収められている。その中から、西ヨーロッパにおける最近の刑事立法および刑事政策について興味のある事柄を拾い上げ、それに若干の補足をしよう。

一　近代的刑事政策

フライブルグ大学のイェシェック教授は、「西欧における近代的刑事政策」と題する論文を寄せている。ここでは、「近代的」（moderne）と銘打ったところに意味がある。「近代的刑事政策」という言葉は、第二次大戦前にも用いられていたが、戦後、広く一般的に用いられるようになった。

もともと、「近代的」という言葉には、いろいろな響きがある。一般に、ヨーロッパ人は、モデルヌ(モダンな)という言葉がお気に入りのようである。たとえば、百貨店に行けば、〝近代的な台所セット〟が、売場に並んでいる。数百年前の石造りの建築物が今なお存在するヨーロッパでは、「近代的」という言葉が、魅力的な響きをもつのであろう。

ところが、欧米諸国が現に直面している犯罪の増加、刑事施設の過剰収容等の困難な事態は、別の意味で「近代的な刑事政策」を生んだ。米国では、四二万人(現在は約五六万人か)を超える被収容者で、刑事施設はあふれんばかりであるし、社会主義国のポーランドでも、刑事施設人口は、人口一〇万人当たり三〇〇人に達している。ちなみに、わが国の刑事施設人口は、一〇万人当たり約四三人(代用監獄にいる被勾留者を含めても、約四九人)である。

こうした現実から、改善思想は後退したが、犯罪者の社会復帰という理念が捨てられたわけではない。これが、刑事政策の「中道」(voie moyenne)路線であって、これを支えるものが、定期刑の根拠となる責任主義である。

責任主義は、ドイツ、オーストリア、スペイン、イタリア、ポルトガルの新刑事立法に明文で規定されており、北欧諸国では、不定期刑が廃止された。これに対し、一九五〇年のギリシア刑法は、不定期刑を採用し、一九八二年のポルトガル新刑法(一九八三年一月一日施行)は、行状責任論の立場から相対的不定期刑を採用した。

イェシェックによれば、将来とも、長期刑と並んで、危険な常習犯人に対する予防拘禁(ドイツ、ノルウェイ、オーストリアで採用）としての保安処分は必要である。

二　自由剥奪の制限・回避の傾向

自由刑は最後の拠り所（ultima ratio）とみなされる傾向が、多くの国で認められる。これと平行して、罰金不完納者に対する滞納留置（労役場留置）をできるだけ回避するために、日数罰金の制度が生まれた。この制度は、北欧諸国の範にならって、ドイツ、オーストリア、ポルトガル、ハンガリー、フランスで採用され、スペインとポーランドの刑法草案でも採用されている。これに対し、オランダは、中間的制度を採っている。日数罰金制のせいで、ドイツでは、罰金不完納に因り代替自由刑に服する者は、罰金制の言渡しの五％にすぎない。

イタリアを除く、すべての西欧諸国で、金銭刑の不完納者に対する代替自由刑を認めている。イタリアの憲法裁判所は、一九七九年一一月二一日判決一三一号で、代替自由刑の制度（刑法一三六条）は、憲法三条（法の下の平等）に違反する、と宣告した。[1] この違憲判決を承けて、一九八一年一一月二四日法律六八九号の「刑罰体系改正法」（Modifiche al sistema penale）は、刑法一三六条を全面的に改正した。この法律によれば、不完納の場合、罰金は一年以下、科料は六月以下の監視付自由[2]（libertà controllata）に代替され、また、一〇〇万リラ（約一三万円）以下の場合には、本人の希望により最高七〇日の代替労働（lavoro sostituitivo）に代替することができる（一〇二条・一〇三条）。

ここにいう代替労働とは、公共または公益的性格をもつ作業場、施設などにおける無報酬の労働を意味する（同法一〇五条）。英法系の国におけるcommunity service workに類似するものである。問題は、代替処分としての監視付自由や代替労働の定めを遵守しない場合にどうなるか、である。その場合には、監視付自由または代替労働の不遵守期間に等しい期間、懲役または拘役に転換される（同法一〇八条）。

これによると、罰金・科料の不完納の場合にストレートに代替自由刑が執行されるわけではなく、代替自由刑は、最後の方策とされている。イェシェックも、ドイツにおける経験に照らして、滞納留置は最後の方策として不可欠であるように見える、と言っている。

フランスも、一九八三年六月一〇日法律四六六号により公益労働（travail d'intérêt général＝T. I. G.）の制度を導入した（刑法四三条の三の二）。この制度は、一九八四年一月一日から実施されているが、そこで特徴的なことは、保護観察付き執行猶予に代わるものとして、主刑として言い渡されることである（同条一項）。

裁判所は、有罪認定の後に、新しい代替刑として公益労働に従事すべき旨を言い渡すことができる。公益労働の時間は、四〇時間以上二四〇時間以内である。ここには、短期自由刑の言渡しとそれに伴う烙印化を回避しようというねらいがある。

フランスは、一九七五年七月一一日法律六二四号により、いわゆる刑事訴訟の句切り（césure du procès pénal）の制度、すなわち、事実認定の段階と量刑の段階との二区分の制度を、部分的ではあるが採用した。それによって、刑の宣告猶予と刑の免除の言渡しが可能となった（刑訴四六九条の二）。公益労働の言渡しも、この刑事訴訟の句切りによって容易となった。

ついでながら、ここで「句切り」（césure）というのは、詩の朗読において、美しく調子をそろえるために同一の行（vers）の中に置かれる小休止のことであって、語源的には、ラテン語のcessuraに由来する。

フランスでは、公益労働という新しい主刑は、軽微な窃盗、器物損壊、暴行、傷害、過失傷害等の罪を犯した若年成人（一八歳—二五歳）の初犯者を主たる対象として言い渡される。被告人は、この言渡しを拒むことができる。

公益労働のための作業は、かなり多種類に及んでいる。清掃、ペンキ塗り、器物や建物の修理、森林作業、燃料の配達、炊事、事務仕事などが、それである。

（1）　Rivista italiana di diritto e procedura penale, vol. 23, 1980, p. 1375.
（2）　監視付き自由は、つねに、(1)居住地を離れることの禁止、(2)一日に一回、警察署に出頭すべき義務、(3)旅券の返納などを含む（刑罰体系改正法五六条）。

三　非犯罪化と非刑罰化

非犯罪化（décriminalisation）と非刑罰化（dépénalisation）との区別は、一般に外国ではあまり議論されていない。問題は中味だ、と考えられているかのようである。

非犯罪化の中で最も議論を呼ぶのは、いわゆる堕胎の自由化問題である。同意堕胎の自由化の運動は、英国、北欧諸国およびオランダで始まり、フランス、ドイツに及んだ。この動きは、カトリック教国であるオーストリア、イタリアおよびスペインでも無視しがたいものとなり、結局、少なくとも妊娠三カ月までの同意堕胎を不処罰とする立法運動が、すべての国で認められるに至った。

ところで、近時、西欧文明国では、出生率の低下、幼少年の激減が、大きな社会問題になっている。

たとえば、ドイツでは、五〇年後の人口は、今の六割になると推計されている。夫婦一組当たりの子どもの数が減っただけでなく、結婚そのものが減り、他方、離婚は四組に一組の割合で増えているからである。

こうした情勢を反映してか、ドイツの家庭大臣は、妊娠中絶を中止した女性に五〇〇マルク(約四〇万円)を贈ることを決定した(一九八三年三月一五日付けの、フランスの新聞ルモンド)。

堕胎を処罰すれば出生率が高くなるわけでもないであろうが、人口減少に悩む文明国は、これまでとは違った困難な事態に直面することになった。そして、それに似た状況が、わが国でも進行している。

非刑罰化の代表的な事例は、窃盗、強盗等の罪を犯した少年を、刑罰に代えて保護処分に付するなどの場合である。ところで、今や非刑罰化の課題は、軽微な犯罪に対する刑罰をやめて行政罰(sanction administrative)にすることである。

イタリアは、一九六七年五月三日法律三一七号で、道路交通法規の違反により科料(ammenda)にのみあたる行為は犯罪を構成せず、行政罰(sanzione amministrativa)を科せられることとし、ついで、一九七五年一二月二四日法律七〇六号で、科料のみにあたるすべての違反行為は犯罪を構成せず、行政罰を科せられることとした。一九八一年法律第六八九号の刑罰体系改正法は、大きく歩みを進めて、一定の財政犯罪を除いて、罰金または科料のみにあたるすべての違反行為は犯罪を構成せず、行政罰を科せられることとした(三二条一項)。

これらの法律は、普通、非刑罰化法(leggi di depenalizzazione)と呼ばれている。刑罰体系改正法一章三節の見出しも、「犯罪及び違警罪の非刑罰化」となっている。

ドイツやオーストリアが違警罪とされた行為を非刑罰化して「秩序違反」(Ordnungswidrigkeit) とし、これに行政罰である違反金 (Geldbusse) を科することとしたことは、わが国でも知られている。ドイツでは、一九八二年に五二〇万件の秩序違反 (その九〇%は、道交法違反) に違反金が科せられた。

イェシェックは、非刑罰化の一つの手続として起訴猶予を挙げている。それによると、一九八〇年、フランスでは、全事件の一、六〇〇万件中、二五%が起訴猶予になり、ドイツでは、五〇〇万件中、五〇%が起訴猶予(そのうち、七割は証拠不十分により、三割は裁量による)になった。起訴猶予が非刑罰化の一場面であるかは議論もあろうが、この統計は、参考になるであろう。

(判例時報一一五三号、一九八五年)

〔追記〕　一九九二年のフランス新刑法は、公益労働 (社会奉仕作業) を主刑として言い渡し (一三一―二二条)、また、執行猶予に伴う保護観察の遵守事項として課することができる (一三二―五四条)、としている。

一九九五年のスペイン新刑法典は、日数罰金の制度を採用した。

4 マネー・ロンダリング

*犯罪から得た「汚れたカネ」を銀行等を通して「きれいなカネ」にする「カネの洗濯」
▼その対策は、今や世界的な大問題

一 カネの洗濯

最近、わが国の新聞にも「マネー・ロンダリング」という言葉が載るようになった。マネー・ロンダリング（money laundering）という英語を直訳すると、「カネの洗濯」を意味する。そこで、新聞には「カネの洗濯」という言葉で報道されることもある。

「マネー・ロンダリング」という言葉の発祥の地は、アメリカ合衆国である。一九二〇年代、三〇年代の米国で麻薬の不正取引や酒類の密輸・密売の犯人が、犯罪から得た「汚れたカネ」を銀行等を経由することによって「きれいなカネ」にすることが行われるようになった。米国の捜査関係者は、そのような行為を「マネー・ロンダリング」と呼んだのである。

「カネの洗濯」の意味するところは、たとえば、麻薬・向精神薬（以下、両者を含めて「麻薬」という）の不正取引によって得た「汚れたカネ」(dirty money)を、銀行等の金融機関を経由することによって「きれいなカネ」にすることである。「きれいにされたカネ」は、次の取引に用いられ、または有利な運用資金として活用されることになる。もともと、「マネー・ロンダリング」という言葉は、多義的であるが、カネの形態を変えることを総称する。が、麻薬取引に関していわれるマネー・ロンダリングは、不正取引に由来するカネの形態と所有者名義を変更することを意味する。

このごろ世界的な関心を惹いているのは、南米コロンビアに拠点を置く麻薬マフィア（drug mafia）とこれを取り締まる官憲側との麻薬戦争（drug war）である。これは、まさに「戦争」という言葉がピッタリの闘いであるようだ。麻薬マフィアと呼ばれる組織犯罪集団は、テロリスト組織と手をにぎり、国家を上回る財力を蓄え、一国の軍隊並みの私兵集団と装備を整えているといわれる。

この麻薬マフィアは、麻薬取引については、専任のマネー・ロンダラー（money launderer）を置いている。「カネの洗濯屋」ともいうべき彼らは、麻薬取引の巨額の資金、売上金、収益金等を、どの国のどの金融機関を通して、どの方法で、安全かつ確実に動かし、隠匿・仮装し、運用するのが良いかを知っており、その仕事に専従しているのである。

米国の文献によれば、マネー・ロンダリングについては、次の二つの共通項が認められる。
(1)　まず、麻薬取引者は、税金を免れるためにも、資金の真の所有者を隠さねばならないので、真の所有者の代わりに影武者とでもいうべき者が用意される。
(2)　麻薬取引者は、カネの形態を変える必要がある。巨額の現金の麻薬代金は、取扱いに不便があるので、管理・計算の容易なものに換えることが行われる。
普通に行われる形態は、(a)高額紙幣に換えること、(b)銀行小切手に換えること、(c)個人名または団体名の偽名口座を設けること、(d)電信送金によること（これは、しばしば用いられている）、(e)外国銀行の利用、(f)現金輸送である。

このうち、(a)としては、一〇〇米ドル紙幣に換えることが多い。しかし、多額のカネを一〇〇ドル紙幣に換えることは、マネー・ロンダリングが行われていることの証拠となる。そこで、(b)銀行小切手による決済方法が用いられる。特に米国では、この方法は、Treasury Bank Secrecy Actの規制を受けないという長所がある。しかも、利用者にとっては、別人の名前で決済することが可能であり、他方、銀行にとっては、この小切手が国外へ出て還流してくるとすれば、普通、二一日から四五日を要しているので、その間、資金を運用することができるという長所がある。

一般的に用いられているマネー・ロンダリングの方法は、金融機関に個人名または団体名の偽名口座(dummy account)を設けるやり方である。もし、銀行または当局が、この口座について調査を始めるならば、マネー・ロンダラーは、他の銀行に別の名前で預金するとか、預金を外国の銀行に電信送金するなどの措置をとる。外国銀行の利用というのは、銀行秘密法(Bank Secrecy Act)を制定している国の銀行の口座を利用する方法である。銀行秘密ということは、スイスが一九三四年の銀行法で秘密の漏示をきびしく罰するようになって以来、少なからぬ国で、法律により保持されている。麻薬取引者がここに着眼しないはずはない。

ところで、マネー・ロンダリングという言葉が初めて出版物に登場したのは一九七三年ころだと言われるが、最初に公式に用いられたのは、一九八六年八月に国連麻薬部が作成した麻薬統制に関する新条約案においてである。そこでは、定義規定によれば、「ロンダリング」とは、「収益の真実の状態、源泉、処分、移動又は所有関係の隠匿又は偽装を意味し、電送による収益の移動又は転換を含む」(一条(j))とされた。

そして、同条約案二条一項は、「不法取引から生じ又はこれに使用された収益の取得、所持、移動又はロンダリング」を刑事法上の重大な犯罪とするために必要な措置をとること、すなわち、国内法の整備を義務づけた。

二　麻薬新条約

一九八八年一二月二〇日、オーストリアのウィーンで国連の「麻薬及び向精神薬の不正取引防止条約」(United Nations Convention against illicit traffics in narcotic drugs and psychotropic substances) が締結された。この条約は、普通、ウィーン条約と呼ばれているが、わが国では一般に「麻薬新条約」と呼ばれている（わが国は、一九九二年にこの条約を批准した)。

新条約は、一九六一年の「麻薬に関する単一条約」(Single Convention on Narcotic Drugs, 1961)（わが国を含む一二五カ国が批准・加入）と一九七一年の「向精神薬に関する条約」(Convention on Psychotropic Substances, 1971) の両条約では想定されていなかった新しい局面に対応するため、徹底した麻薬（ここでは、向精神薬を含めた広義で用いる）犯罪防止のための国際協力制度を採用している。

その新しい施策の一つがマネー・ロンダリングである。新条約では、条約正文にマネー・ロンダリング」という言葉を用いる代わりに、次に述べるように、財産の隠匿 (concealment, dissimulation)、仮装 (disguise, dẽguisement)、転換 (convertion) および移転 (transfer, transfert) という言葉で置き換えられている。それは、恐らく、新条約の正文がアラビア語、中国語、英語、フランス語、ロシア語およびスペイン語の六カ国語とされているため、英語の用語をそのまま他の五カ国語の条文に取り入れることを避けたためであろう。

新条約三条は、一定の故意行為を犯罪として内国で処罰するよう国内法を整備すべき義務（いわゆる裁判権設定の義務）を定めている。そのうち、マネー・ロンダリングに関する部分の訳文を次に掲げる。

第三条（犯罪及び制裁）

1 締約国は、自国の国内法により、故意に行われた次の行為を犯罪とするため、必要な措置をとる。

(a) 省略

(b)(i) (a)の規定に従って定められる犯罪又はこれらの犯罪への参加行為により生じた財産であることを知りながら、当該財産の不正な起源を隠匿し若しくは偽装する目的で又はこれらの犯罪を実行し若しくはその実行に関与した者がその行為による法律上の責任を免れることを援助する目的で、当該財産を転換し又は移転すること。

(ii) (a)の規定に従って定められる犯罪又はこれらの犯罪への参加行為により生じた財産であることを知りながら、当該財産の真の性質、出所、所在、処分若しくは異同又は当該財産に係る権利若しくは当該財産の所有権を隠匿し又は偽装すること。

ここで(a)号に定める犯罪とは、(i)麻薬の生産、製造、提供、分配、販売、輸送、輸出入、(ii)生産目的の栽培、(iii)製造等の目的をもってする所持・購入、(iv)製造用器具・物質等の製造、輸送、分配、(v)以上の犯罪を組織・運営し、その資金を提供することである。

これによると、締約国が国内法を整備して裁判権を設定すべき義務の範囲は、かなり広いようである。そのことは、締約国に、自国の法制度にかなりの変革をもたらすものであるように見える。新条約の締約国は、条約批准のためにすでに国内法の整備をし、または法案を審議中のところもある。

たとえば、スイス連邦議会は、一九九〇年に刑法典を一部改正して資金洗浄(Geldwäscherei, blanchissage d'argent）の罪と金融業における注意の欠如（mangelnde Sorgfalt bei Geldgeschäften, défaut du vigilance en matière d'opérations financières）の罪（次掲）を新設した。

刑法第三〇五条の二（**資金洗浄**）

1　重罪から由来することを知っており、又は知っていたと推測される財産的価値の源泉の判定、発見又は没収を妨げるおそれのある行為をした者は、軽懲役又は罰金に処する。

2　加重事情のある場合には、刑は、五年以下の重懲役又は軽懲役とする。自由刑に百万フラン（注。一スイス・フランは約九二円）以下の罰金を併科する。

行為者が特に次のことをしたときは、加重事情が認められる。

a　犯罪組織の構成員として行動すること。

b　組織的に資金洗浄を行うために組織された団体の構成員として行動すること。

c　業として資金洗浄を行うことにより、大規模な取引をし、又は巨額の利益を得ること。

3　主たる犯罪行為が外国で犯された場合において、その行為が犯罪地国で可罰的であるときにも、行為者を罰する。

第三〇五条の三（**金融業における注意の欠如**）

業として他人の財産価格を受け取り、保管し、又は利殖若しくは移転を助けた者が、情況により必要とされる注意を払って経済的権利者の身元を確認することを怠ったときは、一年以下の軽懲役、拘留又は罰金に処する。

上記の条文中、「資金洗浄」とあるのは、マネー・ロンダリングに当たるドイツ語とフランス語を仮訳したものである。
この規定で果たして効果的にマネー・ロンダリングを取り締まることができるか、脱税摘発に用いられるのではないかとの論議もある。
わが国の大蔵省も、マネー・ロンダリング防止のための対策づくりに着手した。それによれば、不正資金の可能性を否定できない一定額以上の預金や口座振替など現金取引について本人確認をさせるとともに、大蔵省などへの報告を義務づけることが柱になっている(一九八九年一一月三〇日と一二月一〇日の日経新聞)。

(判例時報一三三九号、一九九〇年)

〔追記〕 わが国では、一九九一年(平成三)一〇月二日、麻薬二法と呼ばれる次の二法律が制定され、いずれも一九九二年七月一日に施行された。
麻薬及び向精神薬取締法の一部を改正する法律(平成三年法律九三号)
いわゆる規制薬物特例法(平成三年法律九四号)

5　マネー・ロンダリング条約

＊　国際的規模でマネー・ロンダリングに対処することをめざす条約▼そこに盛り込まれた諸方策は、諸国の刑事法制に改革をもたらす

一　ロンダリング罪

「マネー・ロンダリング条約」と略称される条約が、一九九〇年一一月八日、フランスのストラスブールで締結された。この条約草案の作成作業をし、かつ、条約締結までの仕事を主宰したのは、ヨーロッパ評議会（Council of Europe, Conseil de l'Europe）である。そのため、本条約の締約国は、主としてヨーロッパ評議会の構成国であるが、そのほかにも、同評議会の非構成国にも本条約に加入する途が開かれている（三七条）。

本条約案の作成作業には、ヨーロッパ評議会の構成国のほか、ＥＣ、オーストラリア、カナダ、米国、国際刑事警察機構（Interpol）、国連、国際刑法学会、国際刑法刑務財団および国際社会防衛学会の各代表者が、オブザーバーとして参加した。このように広い範囲にわたる国や国際団体等がオブザーバーとして参加したことは、これまでにヨーロッパ評議会が主宰した刑事に関する諸条約の作成作業には見られなかったところである。このことは、今、全世界の関係者の眼がマネー・ロンダリング罪の定立と制圧に向けられていることを物語るであろう。

さて、本条約の正式名称は、「犯罪収益の洗浄、捜索、差押え及び没収に関する条約」（Convention on

laundering, search, seizure and confiscation of the proceeds from crime; Convention relative au blanchiment au dépistage, à la saisie et à la confiscation des produits du crime）である。

このように正式名称が長いので、本稿の冒頭には「マネー・ロンダリング条約」という略称を掲げた。だが、条約の正式名称を略せば、「収益ロンダリング条約」となるのであって、そこには「マネー」の言葉は付いていない。

その理由は、説明書に述べられていないので、推測するしかない。二つの理由が考えられる。(1)「洗濯」を意味するlaundering（英語）、blanchiment（フランス語）、riciclaggio（イタリア語）は、今日では、「カネの洗濯」（マネー・ロンダリング）を意味する法律用語として用いられている。(2)「洗濯」の客体は、厳密に言えば、カネ（マネー）に限られないで、広く犯罪活動に由来するすべての経済的利益という意味における「収益」にまで拡げられているからである。

一九八八年一二月の、国連の麻薬新条約（以下「国連条約」という）は、麻薬および向精神薬の不正取引の罪（同条約三条一項に定める犯罪）の実行から直接・間接に生じ、または得られた財産である「収益」のロンダリングを犯罪行為としている（三条一項b号）。

だが、マフィア等による組織犯罪を制圧するためには、薬物の不正取引に係る収益のロンダリングを罰するだけでは不十分である。そこで、マネー・ロンダリング条約は、ロンダリング行為の客体とされる「収益」（proceeds, produit）を最も広く解して、「犯罪に由来するすべての経済的利益」（すべての性質の財産、権利等を含む）とするとともに（一条の定義規定）、その「犯罪」の範囲を薬物犯罪に限定しないこととした。

本条約の目玉ともいうべき第六条の規定を、次に掲げる。

第六条（ロンダリング罪）

1　いずれの締約国も、次に掲げる行為が故意で犯されたとき、それを国内法上の犯罪とするために必要とされる立法措置及びその他の措置を講ずる。

a　その財産が収益であることを知りながら、財産の違法な出所を隠匿若しくは仮装する目的で、又は主要犯罪の犯行に関与した者をその者の行為の法的結果から免れるように助ける目的でする財産の転換又は移転

b　その財産が収益であることを知りながら、財産又はそれに関係する権利について行う、性質、源泉、所在場所、処分、移動又は所有者の隠匿又は仮装

c　受け取る時にその財産が収益であることを知りながら行う、財産の取得、所持又は使用

d　本条の規定に従って制定された犯罪のいずれかへの関与又はすべての結社、共謀、未遂若しくは犯行のための幇助若しくは教唆への関与

2　本条第一項の規定を実施し、又は適用するためには、

a　主要犯罪が締約国の刑事裁判権に服するものであったかどうかは、問題ではない。

b　第一項に掲げる犯罪が主要犯罪の行為者に適用されないことを規定することができる。

c　第一項に掲げる犯罪のいずれかの構成要件として必要な知情、意図又は目的は、客観的な事実上の状況からこれを推定することができる。

3　いずれの締約国も、次に掲げる一又は全部の場合において、その国内法により、第一項に掲げる

行為の全部又は一部に犯罪の性格を付与するために必要と認める措置を講ずることができる。

a　行為者が、その財産は収益であると推測したはずであるとき。

b　行為者が利欲の目的で行為したとき。

c　犯罪活動の続行を容易にする目的で行為したとき。

4　（省略）

右の第一項は、国連条約を基礎としたものであるが、薬物犯罪のロンダリングに限定しない点で、大きな違いがある。締約国は、第一項に掲げる行為を犯罪化すべき義務を負う。

第二項（ただし、C号を除く）と第三項は、国連条約には存在しない規定である。立案者は、本条約が国外犯に適用されることを明確にすることが有用であると考えたのである。

第三項は、国連条約に規定されていない行為を犯罪化するものである。三項a号は、過失犯の犯罪化を目ざしている。b号は、犯罪収益から支払いがなされることを知りながら犯人と合法的な取引をする者に関する規定である。C号は、犯罪活動を容易にする者に関する規定である。第三項に掲げる場合については、犯罪化は義務的とはされていない。

二　捜索、差押え、没収

ロンダリング罪を創設しても、それを実効あるものにし、組織犯罪集団の息の根を止めるためには、犯罪からの収益の捜索、差押えおよび没収が、国内的次元および国際的次元で効果的に行われることが必要である。

没収（confiscation）とは、犯罪に係る手続の結果、裁判所によって言い渡され、財産の永久的剥奪を内容とする刑罰または処分をいう（一条d号）。

没収の制度は、ヨーロッパ評議会の構成国の間で、かなり異なっている。すべての国がいわゆる財産没収（property confiscation, confiscation des biens）――犯行供用物、犯行組成物等の没収――を認めているが、そのほか、収益没収や代替物の没収を認める国もある。これと並んで、いわゆる価値没収(value confiscation, confiscation de la valeur）は、わが国の追徴にほぼ相応するであろう。この価値没収は、本条約では、収益没収（confiscation of proceeds, confiscation des produits）に含まれるであろう。

本条約は、財産没収と収益没収を可能とするために必要な立法措置等を講ずべき義務を締約国に課している（二条一項）。

締約国は、没収対象物である財産を特定・追跡すること、その財産の取引・移転・処分を防止することを可能ならしめる立法措置その他の措置を講じなければならない（三条）。この規定の前半は、国際的捜査共助に関する八条(共助の義務)に、また、後半は、国際協力としての保全処分(provisional measures, mesures provisoires）を命ずべき義務を定めた規定（一一条）に対応するものである。

財産や収益の特定・追跡を可能ならしめるため、銀行の書類、財政・商業に関する書類を閲覧し、または差し押える権限を、裁判所その他の当局に賦与する立法措置等を講じなければならない（四条一項）。銀行秘密を理由として本条の適用を妨げることはできない。このことは、犯罪捜査の上で大きな意義をもっている。

このほか、収益に関する証拠の収集を容易にするため特別の捜査手法を用いることができるよう立法措置等を講ずる必要がある。この捜査手法には、銀行口座の監視命令、偵察、電信電話の傍受、コンピュータ・システムへのアクセス、特定書類の提出命令が含まれる（四条二項）。

右の「監視命令」（monitoring order, ordonnance de contrôle）とは、特定の人と金融機関との間で口座を通して行われた取引に関する情報を提供することを金融機関に求める、裁判所の命令である。普通、この命令には有効期間がある。

「偵察」（observation）とは、法執行機関が、質問することなく、一定の人の行動を秘密裡に追跡する捜査手法をいう。

電信電話の傍受は、すでにイタリア新刑訴法二六六条以下に規定されているが、本条約では、電話のほか、テレックスやファックスについても傍受を可能とすることが求められている。

コンピュータ・システムへのアクセスは、国境を越えたデータ伝達の可能性のゆえに、国内的次元と国際的次元で特別困難な問題を生じさせる。

一一条（保全処分を行うべき義務）は、請求国からまだ請求がなされていない段階（一項）、と、一三条（没収の義務）の規定に従って没収の請求を受理した後の段階（二項）につき、没収の対象とされる財産のすべての取引・移転・処分を防止するため、凍結（freezing, gel）または差押えのごとき、必要な保全処分を行うべき義務を規定している。ここでは、凍結と差押えは、例示にすぎない。

保全処分は、被請求国の法令に従い、かつ、それによって執行される（一二条一項）。それは、当然であるが、締約国は、必要な立法措置を講ずべきことになる。

没収については、多くの困難がある。一三条一項は、没収に関し二つの形態の国際協力を規定している。(1)請求国の裁判所が発した没収命令の執行（a号）と(2)被請求国の国内法に従った没収手続の創設、およびその手続に従った没収命令の執行（b号）が、それである。この二つの形態の国際協力は、国連条約五条四項にならったものである。

ここでの没収の対象物は、犯行供用物等の道具および犯罪収益である（一三条一項）。価値没収については、一三条三項に規定がある。価値没収というのは、収益の価値に相当する額の金銭の納付義務を内容とする没収である。同条項によれば、締約国は、収益没収を内容とする国際協力を行うために、財産没収の制度と価値没収の制度を適用できるようにしなければならない。

本条約には、「ヨーロッパ」条約という名称は付けられていない。本条約への加入国の数が増えれば、本条約は、事実上、国際条約の性格を帯びてくることになろう。われわれとしては、本条約のもつ重要な意義を認識することが必要であるように思われる。

（判例時報一四〇八号、一九九二年）

〔追記〕　マネー・ロンダリング条約は、一九九三年九月一日に発効した。

6 マネー・ロンダリングに関するEC指令

＊ マネロン条約の実効を期するため一九九一年にECが発した指令▼顧客の身元確認義務、当局への通報と情報の提供などを義務づける

一 金融機関を中心とするマネロン防止

近時、マネー・ロンダリング（money laundering）（以下「マネロン」という）の規制に係る条約の締結や国内法の整備が、国際的に重要な課題となっている。

画期的な第一歩を印したのは、一九八八年一二月にウィーンで締結された「麻薬及び向精神薬の不正取引防止に関する国連条約」である。この条約は、わが国では一般に麻薬新条約と呼ばれているが、国際的には「ウィーン条約」と呼ばれている。同条約は、麻薬等の「不正取引」（illicit traffic）の犯罪化を締約国に義務づけているが（三条一項）、その中に収益の隠匿等の行為、すなわち、マネロンが含まれている。

その後、一九九〇年九月八日、ヨーロッパ評議会（Council of Europe, Conseil de l'Europe）の主宰の下に、フランスのストラスブールで「マネー・ロンダリング条約」が締結された。

マネロン条約のねらいは、組織犯罪の制圧のために、薬物犯罪以外の主要犯罪（predicate offence, infraction principale）についてもマネロンを処罰することとし、かつ、犯罪収益の剝奪を効果的に行うために没収等の諸制度を充実・強化するところにある。マネロン条約では、「主要犯罪」の範囲いかんが問

題になるが、要するに、犯罪の種類いかんを問わず、重要・悪質な犯罪はすべて含まれることになる。具体的には、各締約国の立法で定められる。

ウィーン条約とマネロン条約とは、マネロンの前提犯罪が薬物犯罪に限定されるか（前者）、薬物犯罪を含む主要犯罪にまで及ぶか（後者）の違いはあるにせよ、マネロン等の犯罪化、不法収益の剝奪、保全手続、国際協力等に関する諸規定の内容は、基本的にほぼ共通している。それは、ウイーン条約の作成作業を担当したヨーロッパ諸国の専門家が、マネロン条約の作成作業に従事したからである。

さて、このような国際的な歩みを背景にして、一九九一年六月一〇日、ヨーロッパ共同体（EC）は、「マネロンに関するヨーロッパ指令」（European Directive on money laundering）を採択した。

ECのマネロン指令は、条約ではないので、法的な拘束力をもちえないであろうが、以下に述べるように、EC加盟国に「指令」に従って国内法を整備すべきことを要請している点で、重要な意味をもつであろう。

マネロン条約は一九九三年九月一日、発効した。ECの加盟国は、同条約の署名国に含まれている。この見地からすれば、本「指令」は、いかなる役割を果たすであろうか。察するところ、「指令」は、(i)マネロン条約は、発効しても未批准国については拘束力をもたないこと、(ii)「指令」は、主として金融機関等がマネロン対策を講ずるよう国内法の整備を要請していることに見いだされるであろう。

本指令は、前文と一八カ条とから成る。

前文では、組織犯罪の制圧を期するためには、マネロン処罰が最も有効な手段であること、マネロンの前提犯罪の範囲を拡大する必要があること、国際協力が大切であること、一定行為の処罰だけでは不十分であって、金融機関等に関して講ずる対策が非常に有効な役割を果たすことなどが、述べられている。

二　本指令の内容

(一)　用語の定義

第一条は、いくつかの用語の定義を掲げている。そのうち、主要なものを紹介する。

「マネロン」とは、次の各号のいずれかに該当する故意の行為をいう。

a　その財産が犯罪行為（criminal activity）またはその参加行為（act of participation）に由来することを知りながら、財産の不法な起源を隠匿・仮装し、またはそれらの行為に関与する者を幇助する目的で行う財産の転換または移転

b　その財産が犯罪行為またはその参加行為から由来することを知りながら行う、財産の真の性質、出所、所在場所、配置、権利の隠匿または仮装

c　受け取る時にその財産が犯罪行為またはその参加行為から由来することを知りながら行う、財産の獲得、所持または使用

d　前数号に掲げるいずれかの行為への参加、共同(association)、未遂、教唆、幇助および協議(counselling)

以上の定義を見ると、マネロンは、ウィーン条約三条一項b号とc号に列挙する行為を包含する意味で捉えられていることがわかる。

ところで、「……を知りながら」（knowing that……）というような主観的要件、すなわち、認識（knowledge）、意図（intent）または目的（purpose）の認定をどうするか、の問題がある。そこで、指令は、これらの主観的要件は客観的な事実的状況（objective factual circumstances）から推断（infer）することができる、とした（一条三項二段）。

「財産」（property）は、有形であると無形であると、また、動産であると不動産であるとを問わず、すべての利益を証明する法的文書を含む（一条四項）。この定義は、ウィーン条約およびマネロン条約のそれと同じである。

ところで、本指令において重要な意味をもつのは、マネロンの前提犯罪となる「犯罪行為」の範囲が拡大されていること、すなわち、ウィーン条約三条一項a号に掲げる犯罪と並んで、本条約にもとづいて加盟国で特定するその他の犯罪が含まれていること（一条五項）である。ちなみに、ウィーン条約三条一項a号犯罪とは、薬物の生産、製造、販売、輸送、けし・コカ樹等の栽培等、さらにこれらの犯罪への資金提供を指す。

前提犯罪は、外国、すなわち、EC加盟国のいずれか、または非加盟国で行われたものであっても差支えない（一条三項三段）。したがって、マネロン行為が国内で行われさえすれば、本犯行為である前提犯罪（例えば、薬物犯罪、強盗、恐喝、詐欺等々）が外国で行われたときでも、マネロン罪は成立しうる。

㈡　顧客の身元確認義務

加盟国は、金融機関（credit and financial institutions）と取引をする顧客の身元確認をするため、次の事項を金融機関に履行させる措置を講じなければならない（三条）。

(1)　顧客と取引関係に入る時、特に口座、貸金庫など開設の時に顧客の身元を証明する文書を要求する（一項）。
(2)　身元証明文書は、一五、〇〇〇ＥＣＵ（欧州共通通貨）以上の取引をするときにも要求される（二項）。
(3)　顧客が自己のために行動しているかどうか疑いがあるとき、または自己のために行動していないことが確かであるときは、金融機関は、真の取引者の身元に関する情報を得るため、適切な措置をとる（五項）。
(4)　上記の限度額未満の場合でも、マネロンの疑いがあるときは、金融機関は、取引者の身元確認を行う（六項）。
これらの条項は、ウィーン条約にもマネロン条約にも存在しないものである。
(三)　証拠保存義務
加盟国は、金融関係に対し、マネロン捜査の証拠として役立てるため、顧客との手続または取引の終了後、少なくとも五年間、(1)身元確認の場合には身分証明書の写し、(2)取引の場合には原本となる書類等の証拠と記録または訴訟で証拠能力の認められる写しを保存させなければならない（四条）。

このように口座開設、取引等の場合の一件書類は、マネロン文書（money trail, paper trail）と呼ばれているが、「指令」では、加盟国の法令で少なくとも五年間の保存を義務づけることを要請している。
(四)　当局への通報と情報の提供
金融機関の幹部と従業員は、(a)マネロンの疑いのある行為を自発的に通報し、または(b)当局からの要請にもとづき必要な情報を提供することにより、マネロン取締当局(authorities responsible for combating money laundering) に積極的に協力しなければならない（六条一項)。

前項の情報は、関係のある加盟国のマネロン取締当局に伝達されなければならない（二項)。

第一項に従って当局に提供された情報は、マネロン取締・処罰に関してのみ使用することができる。ただし、加盟国は、その情報をその他の目的のために使用することを定めることができる（三項)。この但し書によれば、その情報をマネロン以外の罪（例えば、薬物犯罪、恐喝、詐欺等）の捜査・処罰のためにも使用しうることになる。

㈤　取引の中止

金融機関は、マネロンまたはその疑いに気付いたときは、取引を一時中止して当局に通報する。通報を受けた当局は、取引の中止を指示する。取引の一時中止が不可能であった場合は、取引後、直ちに当局に通報する（七条)。

㈥　情報開示の禁止

金融機関の幹部と従業員は、顧客にも第三者にも、六条と七条に従って当局に情報を伝達したことも、マネロン捜査が行われていることも漏らしてはならない（八条)。

六条と七条に従ってなされた当局への情報の伝達は、契約または法令に定める守秘義務の違反にはならない（九条)。

㈦　監督官庁からの通報

金融機関の監督を行う権限を有する当局（監督官庁competent authorities）による監査（inspections）の

際などに監督官庁がマネロンの証拠を発見したときは、監督官庁は、その旨をマネロン取締当局に通報する（一〇条）。

(八) 内部統制の手続

金融機関は、マネロンに関係のある取引等を見破り、かつ防止するために内部統制と通報のための適切な手続を定めなければならない（二条一項）。

(九) 罰則の整備

各加盟国は、この指令の全規定の完全な適用を図るために必要な措置を講ずるとともに、特にこの指令に従って執られる措置の違反について適用される罰則（penalties）を整備しなければならない（一四条）。ここにいう「罰則」は、必ずしも刑罰に限らず、行政罰その他の制裁措置を含むように思われる。

(一〇) より厳格な規定

加盟国は、マネロンを防止するためにこの指令で規律するよりも厳格な規定を設けることができる（一五条）。例えば、過失のマネロンを処罰するとかが、これに当たるであろう。

（判例時報一五〇二号、一九九四年）

7　国際犯罪としてのマネー・ロンダリング

＊　マネロンには、国内と国外で新しい手法が用いられる▼マネロン避難所と呼ばれる多くの国がある

一　マネロン罪

「マネロン」(ML) という略語が、最近、わが国の法律家、金融関係者らの間で、かなり広く用いられるようになった。「マネロン」は、「マネー・ロンダリング」(money laundering) の略語である。ワープロ、ゼネコンなどの略語が日常生活に定着しているわが国のことゆえ、「マネロン」(ML)も、やがて専門家の間で定着するであろう。

ところで、マネー・ロンダリングの国際的に通用する定義ないし包括的定義は、いまだ存在しない。一九二〇年、三〇年代に米国のマフィアは、酒類の密輸入、ギャンブルや管理売春から得た不法収益で合法企業を買収した。それにより、汚れたカネ (dirty money) は、合法的なカネ (legitimate money) と一緒に運用され、きれいなカネ (clean money) にされた。これを、米国の法執行機関が、マネー・ロンダリング（カネの洗濯、資金洗浄）と呼んだのである。

さて、一九九二年にドイツで刊行された『新しい国越刑法のための諸原則と手続』(Eser & Lagodny, Principles and procedures for a new transnational criminal law) という大著の中に、「超国家的犯罪としてのマネー・ロンダリング」と題する興味深い論文 (Chaikin, Money laundering as a supranational crime)

が載っている。

さて、マネロンは、その沿革当時から組織犯罪集団の活動、特に薬物の不正取引と不可分の関係にある。

一九八七年、世界中の薬物取引の収益は三千億米ドルに達し、また、米国とヨーロッパにおけるヘロイン、コカインおよびマリファナの小売収益は、年間、一、二二〇億ドルに達したと推計されている。

この結果、国の収入よりも国際麻薬組織の収入の方が多い国が、多数、出現している。カリブ海岸の国や太平洋・アジア地域の中には、組織犯罪集団によって乗っ取られかねない国もある。最近では、米国での取締りがきびしくなったため、北中南米の麻薬マフィアらがマネロンの舞台をアジア太平洋地域に移す傾向が、顕著である。

二　マネロンの手法

上記の論文には、さまざまなマネロン手法（laundering thechnique）が紹介されている。それは、国内マネロンと国外マネロンに分かれる。

(一)　国内マネロン

国内マネロンでは、銀行等の金融機関の果たす役割が、実に大きい。具体的には、(1)不法なカネをきれいなカネに交換する、(2)偽名口座を通して不法なカネを両替する、(3)不法収益を隠すため貸金庫を使用する、(4)適当な目的地へ不法なカネを送金する、(5)現金取引の報告をしない、などが、それである。

右(1)の交換で、最も普通の方法は、五ドル、一〇ドルというような小額紙幣を五〇ドル、一〇〇ドルという高額紙幣に両替することである。これは、麻薬の小売人が文字どおり汚れた紙幣をきれいな紙幣に交換し、かつ、運ぶのに便利にするために用いる手法である。

(2)の偽名による口座開設は、オーストラリアでは、一九八八年の現金取引報告法（Cash Transactions Reports Act 1988）二四条で犯罪行為とされている。

金融機関以外では、カジノ、競馬場などは、マネロンの恰好の場所となっている。カジノでは、マネロンの規制はなく、普通、顧客は、小額紙幣で支払い、一〇〇ドル紙幣で受け取る。

競馬場で、洗浄屋(launderer)は、勝札の持ち主から勝札を買い、その後、自分が賞金を受け取る。賭事師は、しばしば喜んで洗浄屋に協力する。多分、洗浄屋は、良い値で勝札を買うのであろう。

営業成績の良くない企業に直接投資し、この企業を通して合法的収益を装って送金する方法も用いられる。米国の内国歳入法典（Internal Revenue Code＝I. R. C.）六〇五〇条は、合法企業を通したマネロンを摘発するため、一取引一万ドルを超えるものを内国歳入庁（Internal Revevue Service＝I. R. S.）に報告すべき旨を規定している。

フランスなどの税務当局は、合法企業を通したマネロンを摘発するために、その企業の損益計算書や貸借対照表における収益と経費との関係を独立にチェックする係を置いている。

㈡　国外マネロン

過去二〇年間ほどの間に、通貨、資金等の顕著な国際化の現象が見られた。そのことは、必然的にマネロンを国越犯罪（transnational crime）とした。

国外マネロンは、次の三つの段階で行われる。(a)直接に、または金融機関を通して、不法資金を国外に持ち出す。(b)国外に持ち出し、または送金された不法資金をあの手この手を用いてきれいにする。(c)国外から資金を内国へ里帰りさせる。

(a) 国外送金

国外に不法資金を送る最も効果的な方法は、銀行等の金融機関を通して送金する方法である。この方法は、薬物の不正取引者、テロリストやホワイト・カラー犯罪者によっても利用されている。送金は、銀行小切手、送金為替、電信送金などの方法で行われ、この方法は、滅多に疑問をもたれることはない。ただ、一定金額を超える送金の場合には、窓口における身元確認が行われる。だが、専門の洗浄屋は、一定額に達しない金額に小分けして送金するとか、偽造の身分証明書等を使用して身元をバレないようにするとかの策略を講ずる可能性がある。

もう一つは、現金を運び屋が運ぶとか、コンテナなどに隠して国外に持ち出す方法である。この方法による国外持ち出しが摘発される危険性は、小さい。摘発されるのは、たいてい事故によるか、密告による場合である。

(b) 国外における資金の移動

不法資金が、税金避難所(租税回避地とも呼ばれる)(tax haven)と呼ばれる国に到着すると、その資金は、多くの国で多くの人、銀行口座や合法企業を通して、洗浄される。たとえば、オーストラリアに本拠をもつ麻薬取引者は、運び屋を雇って、Cook Islandsのような税金避難所に不法資金を運ばせる。そのカネは、信託会社の名義で国内銀行に預金され、そこから香港に送金される。香港の当局は、そのカネが不法な出所のものであるかどうかを知らない。

国外には、マネロンを助ける秘密のルートがある由である。国際マフィアの連絡網があるのではないか、と思われる。

理解しがたいのは、弁護士がその依頼者のために銀行口座を開設し、マネロンを容易にしていることである。たとえば、スイスやリヒテンシュタイン国では、弁護士がその依頼者のために銀行口座を開設しており、その結果、銀行秘密と弁護士の特権という二種の秘密で守られている。しかし、スイス連邦裁判所の一九八六年一二月二九日判決は、弁護士のそのような活動は弁護人特権によってカヴァーされない旨判示している。同様の判決は、オーストラリアや英国でも出されている。

(c)　資金の里帰り

国外でマネロンにより合法的に得られたカネと見られるようになったとき、その資金の里帰り（repatriation）をさせることが課題となる。上手に税金逃れをする必要があるからである。

一例を挙げよう。オーストラリアの麻薬取引者が、ルクセンブルグの銀行口座に五〇万オーストラリア・ドル（一Aドルは約七五円）の不法収益を預金している。彼は、シドニーの中華料理チェーン店に一〇〇万Aドルを投資し、その内金五万Aドルは、政府に届け出たきれいなカネで支払う。彼は、オーストラリアの銀行から四五万Aドルの借金をし、ルクセンブルグの銀行から残りの五〇万Aドルを借りて送金させ、すべての借金を課税対象外とする。

こんな方法が上記論文に紹介されているが、果たしてうまく税金逃れできるものであろうか。オーストラリアの現金取引報告法一五条によれば、五千Aドル以上のカネを国外へまたは国外から送金するときは、報告を義務づけられているので、当局が徹底的に調査すれば、手口がバレる可能性があるからである。

三　マネロン避難所

マネロン避難所（money laundering haven）は、どこであろうか。

オーストラリアの現金取引報告庁（CTR agency）は、次の一六カ国を公表している。（一九八九年）。アフガニスタン、ボリビア、ブルマ、コロンビア、ホンデュラス、香港、ラオス、レバノン、マレーシア、パキスタン、ペルー、フィリッピン、タイ、トルコおよびベネゼラ。

さらに、右のCTR庁は、厳格な銀行秘密法があるため、マネロンを容易にしている税金避難所として、次の国を挙げている。バハマ、Bermuda、英国のチャンネル諸島、Virgin諸島、Cayman Islands, Cook Islands、ジブラルタル、Grenada、香港、マン島、リベリア、リヒテンシュタイン、ルクセンブルグ、Nauru、オランダ領アンティル、パナマ、スイス、トンガおよびVanuatuの一九カ国。

一九八九年、米国の麻薬取締局は、カナダが主要なMLセンターになっていることを発表し、英国の議会委員会は、ロンドンの銀行が麻薬資金を扱うセンターになっていることを認めた。

このほか、IMF（国際通貨基金）は、一九八二年、アフリカ（象牙海岸、ケニヤ）、カリブ海沿岸国、ヨーロッパ（キプロス、モナコ）、太平洋地域（西サモア、ナウル）などで、銀行秘密法を制定することにより、MLセンターの候補地となっている国があることを報告している。これらの公表された報告書等は、いささか古い資料であるので、これ以外にも新しいMLセンターが存在することは、十分予想される。

華僑の地下銀行システムは、非公式にカネを移動させる重要な組織になっていると言われる。このシステムを理解することは、われわれには困難である。このような地下銀行システムは、インド、中東、アジア、英国に住むインド人の間でも機能している。たとえば、インドでは、hawala制度が、ダイヤモンド、金（きん）、宝石、通貨などを移動・輸送するため、数世紀にわたって利用されている。これらの地下銀行システムの重要性は、伝統的な法執行の方策では検挙・対処しえないところに見いだされる。

いわゆる被害者なき犯罪に該当するマネロンは、被害者からの届出もなく、これを検挙することには、多大の困難を伴う。特に国際犯罪の性格が顕著であるため、全世界的な規模でこれに対処するべく、各種の方策を講ずる必要がある。

（判例時報一四七二号、一九九三年）

〔追記〕　わが国でも、一九九六年六月と七月に中国向け「地下銀行」が摘発され、犯人は、銀行法違反（無免許営業）の容疑で逮捕されている。「地下銀行」の方法には、判明したところでは、三通りあり、それには約二〇のルートがある。その後も「地下銀行」の摘発が報道されている。

8　フランス破毀院長のことなど

＊女性で初の破毀院長は、一男一女の母親で少年法にくわしい▼保護処分の事後変更の根拠をどこに見いだすか

一　フランスの破毀院長

一九八三年一二月一六日付けの毎日新聞の「ズーム・アップ」欄に、「女性で初の仏最高裁判官　シモーヌ・ロゼス判事」という題の記事が載っていた。その欄に載っている写真を見ると、間違いなく、旧知のロゼス夫人である。彼女は、一男一女の母親で、六十三歳。約五千人いるフランスの裁判官の中で、トップの座にある破毀院の院長に女性が就任するのは、初めてのことである。

わたくしは、一九七六年にベネズエラの首都カラカスで開かれた第九回国際社会防衛会議で彼女と知り合った。当時、わが国の法制審議会少年法部会では、「保護処分の事後変更は可能か。可能とすれば、どういう理論にもとづくか」が、一つの議論の的とされていた。少年法部会の委員の一人であったわたくしは、国際会議に出席する機会に若干の国からの参加者に、このことを尋ねてみた。

フランスの司法官に尋ねたところ、「そのことなら、ロゼス（Simone Rezès）夫人に尋ねるがよい。彼女は、少年裁判所の裁判長をしていたから、その方面のことにくわしい」といって、ロゼス夫人を紹介してくださった。ロゼス夫人は、親切で、やさしい母親の感じの人であったが、さすがに頭脳明析、即座にテキパキと説明した上、「質問があれば、遠慮なくパリの方に手紙をください」といって、名刺をく

ださった。

国際会議から帰って、わたくしは、フランス少年法の条文や判例を調べた上、もう一度、質問の趣旨を書き、美しい浮世絵切手を貼った手紙を彼女に出した。しばらくして、彼女から返事が来た。なんと、週刊紙より大き目の封筒にズラリと、フランスの美しい各種の記念切手が貼ってあるではないか。こちらのアドレス以外は記念切手で埋まっている感じである。

ロゼス夫人から贈られた資料などを素材として、わたくしは「保護処分の事後変更と既判力——フランス法を中心として——」と題する小論を公にした（法律のひろば二九巻一〇号所収）。そこには、保護処分の既判力はある程度弾力的なものである、というフランス法の理論が紹介され、あわせて若干の立法例が掲げられている。

それから五年後の一九八一年九月、ギリシャのテサロニケで開かれた第一〇回国際社会防衛会議の折、国際社会防衛学会の理事会で、ロゼス夫人に再会した。彼女とわたくしは、再会を喜んで握手した。そのころ、彼女は、ルクセンブルグ（ルクセンブルグ大公国の首都）にあるヨーロッパ共同体司法裁判所（Cour de Justice des Communautés Européenes）の政府委員（avocat général）であった。

破毀院は、フランスの司法裁判組織の頂点に位する最高の裁判機関であって、法原則の解釈につき判例の統一をはかることをその役割としている。しかし、破毀院は、法律審であって、事実審ではない。したがって、破毀院は、原則として第三審ではない。フランスでは、破毀院は判決を裁判するのであって、訴訟を裁判するものではない（la Cour de cassation juge les jugements et non pas les procès.）といわれ、裁判は二審制であって三審制ではないと言われるのは、このためである。

フランス破毀院は、五つの民事部[1]と一つの刑事部の、合計六部から成る。各部の法廷は、それぞれに由緒ある装飾をほどこした美しくも厳粛な部屋である。大法廷[2]（assemblée plénière）は、まさにヴェルサイユ宮殿をほうふつとさせる豪華けんらんたる部屋である。あれからすると、破毀院長室は、どのような部屋であろうかと、いささか好奇心にかられた思いを含めて、わたくしは、ロゼス院長の活躍を期待している。

（1） 第一、第二、第三民事部は狭義の民事事件を担当し、第四民事部は商事部で、第五民事部は社会部である。

（2） 大法廷は、院長、全六部の部長裁判官、各部の最古参裁判官、院長によって毎年指名される各部二人の裁判官の、計二五人で構成される。

二 フランス矯正事情

一九八四年の五月一〇日、フランスの左翼連合が大統領選挙に勝って三年になり、ミッテラン政権は、道半ばのきびしい試練の四年目に入った。

ミッテラン政権が採った主要企業の国有化政策や、恐ろしく膨張する経済政策は、いずれも失敗に帰し、失業者は増え、インフレは大幅に上昇した。鉄鋼業界の再編成政策には、共産党が対決姿勢を示し、ロレーヌ地方の労働者が抗議ゼネストを行い、公務員給与の抑制策には、フランス全土で九〇〇万人がストでもって抗議した。

一九八四年、フランス司法省行刑局から、一九八二年の行刑白書（Rapport général sur l'exercice de la

Direction de l'Administration Pénitentiaire)（一九八三年刊行）が送られてきた。これは、一九八二年における行刑の実情を正確な統計にもとづいて報告したものであって、そこでは、わが国の犯罪白書における「矯正」の部に相応する事項が三〇〇頁にわたって記述されている。

この白書の中で最も注目すべきことは、ミッテラン政権発足後に行われた大規模な恩赦によって約一万人の被収容者が釈放され、一時、やっと過剰拘禁が解消されたかに見えた刑事施設で、再び急激な被収容者の増加が見られることである。このことは、白書中のグラフによって一目瞭然に示されている。

被収容者数が上昇の一途をたどった原因は、大量の被釈放者に対する保護の措置が適切に講ぜられなかったこと、年間一四%に達するインフレと約九%の失業率で示される失業率の増大などである。

フランスの一九八二年当時の人口は、約五、四〇〇万人であった。一九八一年一月一日現在、既決、未決を含む全被収容者は、三八、九五七人であった。これは、一〇万人当たり七二人強の収容者指数を意味し、わが国の約四五・三人に比して、驚くべき高率であることを物語っている。

一九八三年一月一日現在における被収容者の総数三四、五九九人の中で、被勾留者は、実に五一・〇%を占めている。被勾留者の比率は、一〇年前の四〇・四%から徐々に増えて、ついに過半数を越えた。この点が、わが国とは大いに異なる。もう一つ、注目すべきことがある。それは、全被収容者中、外国人が二六・四%を占めていることである。一年前には、この比率は、二三%であった。失業者の増加が外国人被収容者の増加をもたらしているように思われる。ちなみに、一九八二年一二月末日現在、わが国の全受刑者中、外国人の占める割合は、約四%にすぎない（矯正統計年報による）。

一九八二年中に、医師または施設長の申出にもとづき、一七、七〇二人の男子被収容者が、また、三七六人の女子被収容者が精神病の検査を受けた。男子六、八〇二人と女子一九一人が、精神鑑定を受けた。男子四、七八五人と女子一、四七七人が、矯正管区ごとにある地方医療センター（Centre médico-psychologique régional=CMPR）に収容された。この中には、被勾留者が多く含まれている。

フランスには、保安処分は存在しない。すでに一九三二年の刑法草案以来、保安処分の導入が企図されており、一九七八年の刑法確定草案（総則）（Avant-projet définitif de Code pénal. Livre 1, Dispositions générales.）は、心神喪失者に対して予審裁判所または判決裁判所が特別の施設に送致する決定をなしうる旨を定めた（四〇条）。つまり、保安処分の導入を規定した。刑法学者と刑事政策学者も、こぞってこれに賛成している。

ところが、ミッテラン政権下に作られた一九八三年の刑法草案（総則）三一条では、保安処分の導入を取り止めた。公衆衛生法（わが国の精神衛生法にあたる）の一部改正により、保安処分に代わる制度（措置入院の司法的コントロールを強化する方法）によって、責任無能力者である精神障害犯罪者に対する対策としようとするもののようである。措置入院の司法的コントロールが強化されれば、その運用次第では、保安処分よりも強力なものとなろう。

措置入院施設は、国または地方公共団体の行政組織の一部をなし、公法上の法人格を付与された公施設（établissement public）が原則とされている。つまり、厚生省所管の国公立精神病院が、原則とされている。例外的に、公共サービスの協定下にある民間病院も、措置入院患者を受け入れている。この点は、フランス厚生省に問い合わせて確認した。

日弁連のヨーロッパ精神医療・保安処分調査団は、パリ南郊のヴィル・ジュイフにある措置入院施設を見学している。わたくしもここを見学したことがあるが、重戒護のうえに、逃走防止用に深い堀まで設けてある。つまり、重警備の刑務所よりも厳重な戒護方式を採っている。これなら、ベルギーなどの保安処分施設のほうが、病院的雰囲気があって、ずっと良い。日弁連の調査団は、一九八二年九月、フランスで二日間に三カ所、それも合計八時間半の調査によってフランスのやり方がすぐれていると結論したようである（日弁連編・揺れ動く保安処分〔一九八三年〕）。

調査時間八時間半というのは、通訳のことを考えると、正味四時間である。このような短時間の調査で、フランスのことがわかるはずがない。調査団が刑法学者や刑事政策学者の意見を聞いていないのも、問題である。しかも、調査団は、精神病院に対する司法コントロールのことを看過している。肝心な点に眼を向けていないのである。

（判例時報一一一六号、一九八四年）

9　フランスの刑法事情

＊　サガワ事件の精神鑑定は妥当であったか▼パリの精神病院を参観▼司法省で国際司法刑事司法共助について意見交換

一　心神喪失の判定

一九八五年一〇月一六日から一カ月間、わたくしは、日本学術振興会から派遣の学術交流研究者として、パリ第二大学の比較法研究所（Centre Français de Droit Comparé）で仕事をした。

二年ぶりに訪れたパリは、失業者や各国からの流入者等の増加によって、治安がいっそう悪化していた。フランスでは、一月初めから一一月中旬までに、すでに九人の警察官が、公務執行中に殺されている。パリ市内の公衆電話は、その半数近くが、料金泥棒によって破壊され、使いものにならない。こんな次第だから、屋外の自動販売機なるものを見たことがない。

そのパリで、日本人の精神科医姉歯一彦博士と知り合った。姉歯氏は、パリ一四区にある有名なサン・タンヌ精神病院（Hôpital de Sainte Anne）に勤務している日本人医師二人のうちの一人である。ある日、姉歯氏の案内で、この精神病院を案内してもらった。一九六六年に開設され、一五〇〇を超えるベッド数をもち、外来診療をも行っているこの病院は、パリの代表的な精神病院である。

わたくしが訪れた日、姉歯氏担当の病棟に、一人の日本人青年が措置入院で入ってきた。外来で診察を受けに来る日本人も多いそうである。

わたくしは、一九八一年六月にパリでセンセーショナルな人肉事件を起こした佐川一政（同時三二歳）の精神鑑定のことにつき、姉歯氏に尋ねた。周知のように、佐川は、「犯行当時、心神喪失（démence 刑法六四条）の状態にあった」として、一九八四年四月、予審免訴（non-lieu）になり、その後、措置入院になった。わたくしは一九八一年一一月、パリのラ・サンテ刑務所の拘置監の応接間で佐川に会ったのであるが、その当時、彼は、精神鑑定のため、この刑務所の精神心理学センターに入られていた（『刑法の旅1』一三五頁以下参照）。

ところで、姉歯氏によると、フランスの精神科医たちの間では、「サガワが犯行当時、心神喪失の状態にあったという鑑定は、どうもおかしい」という意見が強いそうである。姉歯氏自身も、「佐川が犯行のことを書いた著書『塀の中』（一九八三年、話の特集社）を読むと、彼が刊行当時、心神喪失の状態にあったとは考えられない」という。

フランスの実務では、心神喪失の鑑定が、日本よりもゆるやかな基準によって行われているようである（『刑法の旅1』二八二頁参照）。それよりも、佐川事件にあっては、犯人は日本人、被害者はオランダ人女性であることから、フランス人の間に被害感情がなかった、という事情が、鑑定に当たって考慮されたのではなかろうか。そうだとすれば、「あのような犯人は、国外に強制退去させた方がよい」という判断が精神鑑定に働いたということもできるであろう。フランスの精神科医の間には、そういう見方をする者がいるようである。

佐川は、一九八四年五月、日本に強制送還され、松沢病院に入院した。が、一九八五年九月（?）ごろ退院した。わたくしは、その退院の事実をパリで、姉歯氏から聞いて、初めて知った。姉歯氏によると、佐川退院のニュースは、すぐフランスに伝わり、精神科医の間に衝撃をもたらしたようである。「サガワがそんなに早く退院できるとは、考えられない」というのが、その理由である。

サン・タンヌ精神病院は、五メートルの高さの外塀に囲まれており、外から見ると、いかめしい古い刑務所を思わせる。が、内部は、広々として、散歩する庭も各所にあり、明るい感じの病院である。姉歯氏の勤務するピネル棟（pavillon Pinel）は、ベッド数約一〇〇で、医師五人、看護婦三〇人、その他の職員が勤務している。ずいぶん充実した職員構成だ。そのゆえか、ここの入院費用は、一日一三〇〇フラン（三万五〇〇〇円）かかるそうだ。入院の形式では、任意入院（自由入院）が七割を占める。

フランスの精神病院は、公衆衛生法の定めるところにより、入院者の人権擁護のために強力な行政的・司法的コントロールを受けている。特に裁判所長と検事正による司法的コントロールが確立している点が、注目される（『刑法の旅1』一六三頁以下を参照）。この点は、姉歯氏が二年間も病院勤務してみて、実感しているところである。

わが国では、一九八四年三月、患者のリンチ死等の事件によって報徳会宇都宮病院の乱脈医療と人権侵害ぶりがあばかれ、以来、精神衛生法を改正して人権擁護をはかり、他方、人権侵害に対する法的救済策を導入すべきことが要請されている。外国の公衆衛生法や精神衛生法に比べてわが国の精神衛生法が行政的・司法的コントロールに欠けており、この点、大きな問題があることは、わたくしも数次にわたり論稿で指摘したところである。

一九八三年一〇月、島根大学で開かれた第六一回日本刑法学会大会では、二日目の午後、分科会の一つで「保安処分」をテーマとして議論がなされた。保安処分の導入に反対する日弁連委員は、精神衛生行政の抜本的改善でこれに対応するという、年来の主張をくり返した。わたくしは、「入院者の人権擁護をはかるため、精神衛生法を改正してなんらかの形の司法的コントロールを導入することを考えているか」と質問した。これに対し、日弁連委員は、「精神衛生法を改正することは、全然考えていません」と答えた。

これは、日弁連委員がいかに不勉強であり、人権擁護の思想に欠けているかを物語るものである。

二　刑事司法共助の新しい問題点

一九八五年一〇月一四日、わたくしは、在パリ日本大使館の一等書記官安藤隆春氏とともに、フランス司法省を訪れて国際刑事司法課（Bureau de l'Entraide répressive internationale）のシャロワ（Charoy）課長に会い、国際刑法の諸問題について二時間近く意見交換をした。

課長のシャロワ夫人は、この課に勤務すること九年の、国際刑事司法のヴェテランである。夫人は、知的で、にこやかな典型的フランス美人である。このような美人となら何時間でも語り合いたい、と思ったほどである。

シャロワ課長によれば、フランスは、間もなく、一九五七年のヨーロッパ犯罪人引渡条約を批准するとのことである。今日まで批准が延び延びになっていたのは、死刑問題のゆえである。すなわち、同条約一一条（死刑）が、「引渡しの請求に係る犯罪が請求国の法令により死刑にあたる場合において、被請求国の法令により死刑が科せられていないとき又は死刑が通常執行されないときは、死刑が執行されないことにつき、請求国が被請求国によって充分と認められる保証をしない限り、引渡しを認めることはできない。」と規定しているからである。

フランスは、一九八一年一〇月、死刑を廃止した。これによって、ヨーロッパ条約の批准を妨げるものがなくなった。この点は、理解することができる。だが、フランスの批准によって、ヨーロッパ条約の当事国と日本との間で死刑犯罪に係る犯罪人引渡しを行うことは、以前よりもきびしい状況に置かれそうである。

このことは、ドイツ連邦司法省のヴィルキツキ課長との意見交換（一九八五年一一月八日）の際、課長の説明から明らかになった。ヨーロッパ諸国における考えが、近時、死刑犯罪の引渡しについてきびしいものに変わってきているのである。

フランスのシャロワ課長との意見交換は、主として狭義の司法共助をめぐって行われた。フランスと日本との間には、今までのところ、刑事司法共助に関する一般的取決めは存在しない。この一般的取決めは、イタリアとの間には、すでに一九三七年に交換公文の形式で行われている。第二次大戦後、フランス司法省は、日伊間のような一般取決めをすることを熱望しているのに、わが国の法務省は、依然として消極的な態度を取り続けている。それは、具体的事件、たとえば、佐川の人肉事件が起こって日本側で証拠収集をする必要が生じたとき、その事件についての司法共助を相互主義の要件の下に行う旨、覚書を交換すれば、足りるからであろう。しかし、こうした態度では、迅速に国外証拠の収集をなしえないことは、明白である。

ところで、シャロワ課長は、刑訴六九二条の定める一事不審理（non bis in idem）原則の国際的適用が犯罪人引渡しにも及ぶ、と述べた。刑訴六九二条は、「被疑者が、すでに外国において確定裁判を受けたことを証明するとき、又は刑の言渡しがあった場合において、その刑の執行を終わったこと、刑の時効が完成したこと、もしくは特赦を受けたことを証明するときは、これを訴追しない。」と規定する。

シャロワ課長は、犯罪人引渡しにあっては相互主義の法理に照らし、例えば、犯人がフランスで確定裁判を受けたときには、同一事件を理由として日本に引渡しをしない、と述べた。これによると、たとえば、日本人甲がフランスで交通事故により乙を死亡させ、これが単なる過失犯として罰金に処せられた場合において、その後、これが保険金目的の殺人であったことが判明したとき、日本側がフランスに甲の引渡しを請求しても、一事不再理の原則の国際的適用を理由に請求が拒絶されることになる（この場合、死刑の問題は、別論とする）。

ところで、前に述べたように、佐川は、パリ地裁の予審判事によって予審免訴となり、この決定は、パリ控訴院公訴部によっても支持された。この予審免訴の決定は、刑訴六九二条の「確定裁判を受けた」(il a été jugé définitivement) には該当しないはずである。予審判事は、わが国の検察官に、また、予審免訴の決定は、わが国の起訴猶予に相当するからである。日本で佐川を属人主義（刑法三条）にもとづいて訴追することは、理論的には可能である。国際的一事不再理の条件付きで、佐川につき犯罪人引渡しがなされた訳でないからである。

しかし、フランス側は、刑訴六九二条の趣旨を拡大解釈し、予審免訴の決定も「確定裁判」に含まれるとの立場をとるもののようである。

佐川は、強制退去により、帰国した。もし、日本の訴追機関が、彼は犯行当時、心神喪失の状態になかったのではないかと考え、訴追の可能性もあるとして、フランス側に事件関係の証拠の提供を求めるなど、証拠収集のための共助を要請したとすれば、どうなるか。フランス側は、一事不再理の原則の国際的適用を理由に、共助の要請を拒絶したであろう。手続的には、それより前に、フランス側は、佐川の事件につき司法共助の個別的取決めを結ぶことを拒んだであろう。

「だから、日本の捜査機関は、佐川の事件でフランス側に証拠の提供を求めることをしなかった。」と、安藤一等書記官は語った。

フランスの態度は、きびしすぎるように感じられる。これが最近の国際的動向であるかどうかは、検討を要する。

(判例時報一一七六号、一九八六年)

10　フランスの破毀院

＊　伝統と格式を重んずるフランス破毀院▼簡素な院長執務室▼聖ルイ王は公平な司法のシンボル▼記念の文鎮風メダル

一　ロゼス院長

フランスの破毀院（Cour de cassation）については、本書8で述べたことがある。破毀院は、フランスの司法裁判組織の頂点に位する最高の裁判機関である。

その破毀院の院長に、シモーヌ・ロゼス（Simone Rozès）夫人が、一九八三年一二月、就任した。女性が破毀院長に就任するのは、破毀院の長い歴史において初めてのことである。

破毀院は大革命の翌年の一七九〇年一二月一日法により、「破毀裁判所」（Tribunal de cassation）の名称の下に設置され、一八〇四年に「破毀院」（Cour de cassation）とその名称を改めた。

さて、わたくしは、一九八五年秋、パリに着くと、破毀院院長であるロゼス夫人を訪ねるべく、先方の都合を問い合わせる手紙を出した。それ以前に、ロゼス院長から「パリに来られたら、ぜひ訪ねて来てください」という親切な便りが届いていたからである。

8に書いたように、フランス破毀院は、五つの民事部と一つの刑事部の、合計六部から成る。各部の法廷は、それぞれ由緒ある装飾をほどこした美しくも厳粛な部屋である。大法廷（assemblée plénière）は、まさにヴェルサイユ宮殿をほうふつさせる豪華けんらんたる部屋である。「あれからすると、院長室は、どのような部屋であろうか」と、いささか好奇心にかられた思いがする。

院長秘書から連絡を受けて、一〇月三一日一〇時半すぎ、破毀院を訪れた。約束の一一時まで間があるので、応接間で待たされた。見ると、この部屋は「モーリス・エーダローの部屋」(Salon Maurice Aydalot)と名づけられていて、元破毀院院長エーダロー氏のりっぱな肖像画が、壁に掛かっている。エーダロー院長については、思い出がある。彼は、一九七〇年、京都で開かれた第四回国連犯罪防止及び犯罪者の処遇会議に出席した。そして、会議のスケジュールの一つとして矯正施設の参観があった際、彼は、奈良少年刑務所などの参観に加わり、その日の夕方、奈良ホテルで開かれたレセプションで、百名以上の外国人参加者の第一主賓となった。その宴会のテーブルで、わたくしは、話相手になるようにと頼まれて、彼の真向かいに坐った。

そんなことを思い出していると、応接間のドアが開いて、「お待たせしました」と言いながら婦人が入って来た。なんと、ロゼス院長である。彼女は、「さあ、こちらへ」と言って、院長室にわたくしを案内してくださった。院長室は、わたくしの予想に反し、簡素な部屋である。広さは、三〇平方メートルぐらいであろうか。「ここは、わたくしの執務室です」と、彼女は語った。壁の一方には、ゴブラン織りの大きな壁掛けがかけてあり、他方の壁には、大きな肖像画がかかっている。肖像画の主は、法服を着て、《Code Civil》(民法典)と書かれた本を手に持っている。ロゼス院長に尋ねると、彼は、ジャック・マルヴィル(Jacques Maleville, 1741—1824)氏である。彼は、大革命後の破毀裁判所の民事部の部長、ついで刑事部の部長となり、その後、ナポレオン一世から委嘱されて民法典起草委員会の委員となった。

フランス民法典は、一八〇四年に制定された。ナポレオン諸法典(Codes napoléoniens)の先がけとなった民法典は、大革命後の新しい民主社会の基盤を確立するものであった。その後、多くの国は、法制の近代化を図るに当たり、フランス民法典を範とした。この民法典は、今なおフランスの現行法典として生き続けている。このように、フランスの破毀院も民法典も(ついでながら、一八一〇年制定の現行刑法典Code pênal)も長い歴史をもっている。その破毀院の女性初の院長となったロゼス夫人は、これまで何回か国際会議で会った時よりも、一段と美しくなり、しかも上品な貫禄があった。

院長室で、わたくしたちは、しばらく歓談した。話題の中心は、国際社会防衛学会(Société internationale de défense sociale)のこと、国際刑法のことであった。彼女は、一九八四年から、アンセル(Marc Ancel)氏の後を継いで国際社会防衛学会会長に就任した。のみならず、第七回国連犯罪防止及び犯罪者処遇会議(一九八五年、イタリアのミラノ)で副議長をつとめるなど、国際的にも活躍している。

おいとまをしようとすると、ロゼス院長は「破毀院訪問の記念に」と言って、直径一〇センチの、文鎮風メダルをくださった。これには、王座に就いているフランスの聖ルイ王(Roi Louis IX Saint-Louis)が浮彫りになっている。聖ルイ王は、フランスにおける公平な司法のシンボルとなっているのだ。王は、その治世(1226—1270)を通じて司法の公正と権威を確保するために努力した。現在の破毀院やパリ控訴院・裁判所がある建物《Palais de Justice》は、当時の王宮であった。あのすばらしいステンドグラスで有名なサント・シャペル(Sainte Chapelle)——《Palais de Jusitce》の一角にあり、今では観光名所となっている。——は、王が建てた礼拝堂である。

二　破毀院の構成、活動など

フランスの破毀院については、元破毀院院長ベレー（Pière Béllet）の「フランス破毀院」と題する論文[1]が有益である。

破毀院は、裁判官による法の適正な運用を監視し、かつ、判例の統一を確保することを本質的使命としている。しかし、破毀院は、法律審であって、事実審ではない。したがって、破毀院は、原則として第三審ではない。破毀院は、判決を裁判するのであって、訴訟を裁判するものではない。このようにして、フランスの裁判制度は二審制であって三審制ではない、と言われる。

余談ながら、フランスの一九七八年刑法確定草案第一巻・総則（Avant-projet définitif de Code pénal. Livre 1, Dispositions générales, 1978）は、刑事制裁の適用を監督し、それに関する争訟を管轄する司法機関として「制裁執行裁判所」（Tribunal de l'exécution des sanctions）を創設することを目ざしている。同草案説明書によれば、「制裁の適用は、第三審を構成するであろう」（七八頁）。

制裁執行裁判所は、大審裁判所（わが国の地方裁判所にほぼ相応する）の一つの部として設けられるはずである。それでは、破毀院が第三審ではなくて、制裁執行裁判所が第三審を構成するとは、どういうことであろうか。フランスに来てある司法官に尋ねたところ、「執行裁判所は、仮釈放や刑期短縮（いわゆる善時制）などによって、宣告刑を事実上変更することとなる権限を行使する。そこで、比喩的な意味で、第三審を構成するという言い方が生まれた」という答えが返ってきた。

さて、破毀院の構成員は、わが国の最高裁判所のそれとは、かなり異なっている。次のとおり、人数が多いのである。

A　裁判所側

院長（le premier président）……………………一人
部長裁判官（présidents de chambre）……………六人
裁判官（conseillers）…………………………………八四人
一級調査裁判官（conseillers référendaires du premier grade）……一二人
二級調査裁判官（conseillers référendaires du second grade）……二四人

B　検事局側

破毀院検事長（le procureur général）……………一人
次長検事（le premier avocat général）……………一人
破毀院検事（avocats généraux）……………………一九人
破毀院付きのパリ控訴院検事…………………………二人

以上は、ロゼス院長が一九八六年三月一〇日付けの書簡で知らせてくださった現行の構成人員である。(2) われわれにとっての驚きは、破毀院裁判官の数の多いことである。調査裁判官というのは、わが国の最高裁調査官にほぼ相応する。検事局は、破毀院に附置されている。

破毀院は、五つの民事部（第一、第二、第三民事部、商事部、社会部）と一つの刑事部とから成る。各部が担当する主な取扱事件の種類は、次のとおりである。

第一民事部……他の部の担当に属しないすべての民事事件

第二民事部……離婚、不法行為責任、民事訴訟
第三民事部……不動産、抵当、所有権、賃貸借
商事部……商行為、会社、海商、知的財産権
社会部……労働、社会保障、選挙

われわれから見ると、刑事部が一つで足りるのだろうか、という感じがする。ちなみに、一九八四年に破毀院が審理した件数は、全民事事件で一三、三三五件(うち、破毀が三、二〇六件)、刑事事件で五、四七二件(うち、破毀が六三九件)である。大法廷は、院長、全六部の各部長裁判官、各部の最古参裁判官、院長によって毎年指名される各部二人の裁判官の、計二五人でもって構成される。

破毀院は、上記の本来の任務のほかに、一九六七年一二月二二日デクレ(dêcret 政令)六七―一一二〇八号により、新しい任務を与えられた。それは、毎年、破毀院の活動についての報告書を司法大臣に提出すべきこととされたのである。この報告書(Rapport de la Cour de Cassation)は、毎年、政府刊行物として刊行されている。上記の審理件数の統計は、一九八四年の報告書(一九八五年に刊行)から引用したものである。

(1) Béllet et al., La cour judiciaire suprême. Une enquête comparative, 1978, Paris, p. 193 et s. なお、この書には、団藤重光先生が日本の最高裁判所について書かれた仏文の論文が収録されている。
(2) 特に一九八三年五月一六日のデクレ八三―四〇〇号による改正が重要。

(判例時報一一八五号、一九八六年)

11　フランスの新刑法草案

＊一八一〇年制定の古いナポレオン刑法典から脱皮して新時代への即応をめざす▼この刑法草案は、多くの特色をもっている

一　刑法の客観化

一九八八年五月、フランスの大統領を選ぶ国民による直接選挙が行われ、現職のミッテラン（七一歳）が、有効投票の五四％を獲得して、再選された。これによって、計十四年間（二期）に及ぶミッテラン大統領時代が出現しうることとなった。

さて、第一期のミッテラン大統領時代に、司法大臣を長とする新しい「刑法改正委員会」（Commission de révision du Code pénal）が設置された。委員会は、実務家一二人、刑法学者三人、精神医学者一人、計一六人から成る。新委員会の手に成る草案は、一九八五年一二月一九日、司法大臣バダンテル（Robert Badinter）氏によって公表された。これが、『新刑法（典）草案』（Projet de Nouveau Code Pénal）として、一九八八年に公刊された。フランスでは、大臣の意向や方針が立法や政策にかなり強く打ち出されるようである。その意味で、本草案は、恐らく「バダンテル草案」と呼ばれることであろう。

フランスの現行刑法は、一八一〇年の刑法典（Code pénal）である。すでに約一八〇年の歳月を経ているので、それは、確かに時代遅れであることは、否めない。だが、実は、同法典は、施行以来（特に第二次大戦後）、たびたび一部改正をくり返してきたので、最新の制度をも含むものとなっている。しかし、

基本構成が約一八〇年前のものであるため、新しい時代に即応しがたいものとなっている。かつて一九七四年に創設された刑法改正委員会は、一九七八年に刑法草案総則を公表した。

本草案は、一九八一年にミッテラン政権が誕生して以来、新政権の政治理念が七八年草案に加味されて生まれたもの、と見ることができるであろう。今日、フランスには、約一万の刑罰法規(textes de droit pénal)が存在するようである。それらの刑罰法規の基本法である刑法典の全面改正をするに当たり、改正委員会は、新しい時代の要請に応えうるものとすることに留意した。

具体的には、(1)新しい犯罪(たとえば、組織犯罪、交通犯罪等)からの人身の保護、(2)基本的人権の侵害(人道に対する罪、人間の尊厳に対する罪、プライヴァシー侵害の罪など)からの人身の保護、(3)最も弱き者(少年、身障者など)の保護が、それである。

さて、草案は、第一編「総則」一六六カ条、第二編「人に対する侵害」一五二カ条および第三編「財産に対する重罪及び軽罪」七一カ条、計三八九カ条から成る。とはいえ、これでは各則部分は、個人的法益に対するものだけであるので、社会的法益に対する罪および国家的法益に対する罪に関する規定は、後日、公表されるはずである。

条文の番号の付け方は、連続のものではなく、第一編第一章は「第一一一－一条」から始まるという式のものとなっている。これは、連続番号方式よりも合理的であり、後日、条文を追加するときにも便利であるという考えにもとづいている。以下、特徴的な個所を拾い上げてみよう。

まず、犯罪は、その重さに従って、重罪(crime)、軽罪(délit)および違警罪(contravention)に分類される(一一一－一条)。一八一〇年刑法典以来の三分類が、承継される訳である。

重罪刑は、(1)無期の懲役（réclusion criminelle）および禁固（détention criminelle）、(2)三〇年以下の懲役・禁固、(3)二〇年以下の懲役・禁固、(4)一五年以下の懲役・禁固、(5)一〇年以下の懲役・禁固の五段階に分かれる。懲役・禁固の下限は、七年である。なお、ここで「禁固」と訳したのは、わが国の禁錮（刑一三条）とは異なり、仮の訳語にすぎない。禁固受刑者は、作業の義務を負う。

軽罪刑は、(1)拘禁（emprisonnement）、(2)罰金、(3)権利剝奪刑、(4)公益労働（travail d'intérêt général＝TIG）、(5)日数罰金(jour-amende)の五種類に分かれる（一三一―三条）。拘禁は、七年以下、五年以下……というふうに六月以下までの間で六段階に分かれる。

注目すべきは、軽罪が拘禁または罰金にあたるとき、この刑は、権利剝奪・制限刑によってこれに代えることができる、とされている点である（一三一―五条、一三一―六条）。権利剝奪刑というのは、運転免許の取消し・停止、車両の没収、犯行供用物等の没収などである（一三一―五条）。

軽罪が拘禁にあたるとき、この刑を日数罰金（最高三六〇日、日額の最高は二、〇〇〇フラン。一フランは、約二三円）に代えることができる（一三一―八条）。これは、思い切った規定である。これによると、たとえば、暴行を伴う盗罪（三〇一―四条四号）でも、五年以下の拘禁を日数罰金に代えることもできそうである。

違警罪刑は、罰金と権利剝奪刑の二つからなる。

死刑は、一九八一年一〇月に廃止された。それに代わるものは無期刑であるが、有期刑の長期が三〇年というのは、きびしい感じがする。本草案の法定刑は、一般に重いように思われる。たとえば、故殺は、三〇年以下の懲役に処せられる（二二一―一条）。故殺が、他の罪を犯すために犯されたときなどは、無期懲役（二二二―二条）、予謀をもってする故殺（いわゆる謀殺）も無期懲役（二二一―三条）に処せられる。一般的に、草案では刑法の客観化、構成要件の細分化が図られている。

二　法人の処罰、組織犯罪の制圧

犯罪の行為者は、正犯と教唆犯（instigateur）および幇助犯（complice）の三者に分かれる。教唆犯（一二一―六条）および幇助犯（一二一―七条）は、ともに正犯と同一の刑に処せられる。

草案では、「法人に適用される刑」が各種の場合に規定されていることが、特徴的である。「法人に適用される刑」としては、(1)罰金と(2)次に掲げる刑とがある。すなわち、①法人が犯罪を行う目的で設立または運営されたとき、解散、②職業活動または社会的活動の禁止、③司法監視の下に置くこと、④事業所の閉鎖、⑤公的市場からの排除、⑥公衆に貯蓄を呼びかけることの禁止、⑦小切手発行の禁止、⑧犯行供用物等の没収、⑨新聞等への判決の掲載、の九種類がある。

ここに掲げる諸禁止および事業所の閉鎖には、終局的なものと五年以内の一時的なものとがある。終局的閉鎖は、法人にとっては、一種の死刑にもたとえられる刑罰となりうる性質のものである。わが国には、事業所の閉鎖を対物的保安処分だと論ずる者があるが、本草案は、これらの措置を「刑」として規定しているのである。内容的には、権利の剝奪または制限の刑と解される。

草案は、「自然人」（personnes physiques）に適用される刑と「法人」（personnes morales）に適用される刑とを明確に区別して規定している。草案は、特に経済刑法の領域で、法人の刑事責任を認め、法人に適用される刑として罰金以外に九種類のものを規定している。

なお、自然人に対しては、失権、職業禁止、物の没収、事業所閉鎖、新聞等への判決の掲載などが、補充刑（peines complémentaires）として規定されている（一三一―一〇条）。この補充刑は、裁判所が、裁量的にこれを言い渡す（一三一―一一条）。この点で、付加刑“peines accéssoires”（草案は、これを認めないが）とは性格を異にする。

草案は、組織犯罪の制圧を一つのねらいとしている。ここで組織犯罪として考えられているのは、マフィア的な暴力集団による麻薬取引、武器を用いた強盗など、さらに、テロ組織による暗殺、人質行為、略取誘拐、爆弾による財産破壊などである。

組織犯罪を制圧する一つの方策として、草案は、第一編第二部第八章に「犯罪的結社への関与」（De la participation à une association de malfaiteurs）の罪を設けた。それによれば、人に対する重罪を有形的行為で準備するために設けられた集団または盟約に関与した者は、一〇年以下の懲役に処せられる（二二八―一条）。つまり、集団の構成員となること、集団を組織することなどが、一〇年以下の懲役に処せられる訳である。もっとも、上記の集団等に関与したものの、すべての訴追の前に、その集団を当局に暴露し、他の構成員の身元を明らかにした者は、刑を免除される（二二八―二条）。

この場合の刑の免除は、恐らく刑事政策的見地によるものであろう。当局に暴力組織の暴露をした者は、組織にとっては、裏切り者であることもあろう。裏切り者は、時には消される――報復によって殺される――運命を背負わされることもあるだろう。暴力組織の構成員となった者は、いずれにしても進退両難の岐路に立たされることになろう。

同様の規定は、第三編にも見いだされる。財産に対する重罪を有形的行為で準備するために設けられた集団または盟約に関与した者は、一〇年以下の懲役および一〇〇万フラン以下の罰金に処せられる(三〇八―一条)。ここでも、二二八―二条と同様に刑の免除規定が設けられている(三〇八―二条)。

犯罪的結社への関与罪は、つとに一九三〇年のイタリア刑法四一六条が規定するところであった。それによれば、犯罪をするための結社の発起人、構成者、組織者は、三年以上七年以下の懲役に処せられ(同条一項)、その結社に加入した者は、そのこと自体で一年以上五年以下の懲役に処せられる(同条二項)。イタリアの一九八二年九月一三日法律は、マフィア型結社罪(刑法四一六条の二)を追加した。マフィア型結社の発起人等および加入者は、それぞれ、犯罪的結社罪よりも重く罰せられる。

フランスの草案は、ナポレオン刑法典における犯罪的結社罪の伝統を受け継ぎながら、イタリア刑法等の先例にならったのであろう。別の見方をすると、陸続きのヨーロッパ大陸の中央に位置するフランスにとっても、組織犯罪の制圧は、放置することのできない重要課題となっているのであろう。

草案は、刑の一身化(personnalisation des peines)(「刑の個別化」という意味に近い)の態様として、半自由(外部通勤など)、刑の分割執行、刑の免除、宣告猶予などのすぐれた制度を規定している(一三二―二二条以下)が、反面、このように組織犯罪の制圧のために毅然たる態度をとっている。それによって人身の安全を守ることが、新刑法典の特色とされている。新刑法典は人権によって鼓舞された人道的法典(code humaniste)でなければならない、というのが、草案の基本理念とされているのである。

(判例時報一二七八号、一九八八年)

12 フランスの新しい刑法典

＊ フランス法系の諸国に多大の影響を及ぼす画期的な新刑法典▼人間の尊厳、個人の自由を保障するための新しい犯罪類型が特色

一 新刑法典の成立

一九九二年七月、フランスの新しい刑法典(九二年法律六八三号から六八六号までの四つの法律から成る)が成立した。新刑法典は、一九九四年三月一日に施行された。

一八一〇年に制定された現行刑法典は、いわゆるナポレオン法典の一つとして、その後に制定された諸国の刑法典に大きな影響を与え、たびたびの一部改正をほどこされながら今日まで命脈を保ってきた。ナポレオン刑法典を全面改正する作業は、一九三四年草案を初めとして、特に第二次大戦後、相次いで行われた。一九七六年草案(総則)、七八年八一年草案(各則)、八三年草案、八五年草案、八六年草案が、公表されている。

新刑法典の最大の特色は、法典が次の五つの部(livres)から成ることである。

(1) 第一部「総則」……刑法、刑事責任および刑罰に関する三つの編(titres)

(2) 第二部「人に対する重罪及び軽罪」……人道に対する重罪(第一編)と自然人に対する侵害(第二編)

(3) 第三部「財産に対する重罪及び軽罪」……領得(第一編)と財産に対するその他の侵害(第二編)

(4) 第四部「国及び平和に対する重罪及び軽罪」……国の基本的利益の侵害（第一編）、テロ行為（第二編）、平和の侵害（第三編）、公共の信用の侵害（第四編）、犯罪的結社への参加（第五編）

(5) 第五部「その他の重罪及び軽罪」……動物への虐待又は残虐行為（第一編）

形式的な面では、新法典が条文の番号の付け方において十進法による番号付け（numérotation décimale）をしていることが、特徴的である。これによれば、たとえば、第一部第一編第一章の第一条〔罪の分類〕は、"Art. 111-1"（第一一一－一条）となり、第二部第二編第一章の第一条〔謀殺〕は"Art. 221-1"（第二二一－一条）となる。このような番号の打ち方がなされたのは、新法典の解説書によれば、刑法典をひもといたり、引用したりする者が容易に法典の内容（当該条文の所在個所）を参照することができるようにするためである。

このように、新法典にあっては、ナポレオン刑法典の基本的方針や内容に変革を加えた個所が多く見受けられる。以下、新法典の特徴的な内容の一端を紹介する。

罪（infractions pénales）は、（刑の種類によってではなく）罪自体の重さに従って、重罪（crime）、軽罪（délit）および違警罪（contravention）の三つに分類される（一一一－一条）。

新法典が初めて「刑法の厳格解釈の原則」を明記したことは（一一一－四条）、注目される。

新法典は、個人責任を基本原則としつつも（一二一－一条）、法人（personne morale）の刑事責任を正面から認めた。これは、新法典の重要な改革点の一つである。国を除く法人は、一二一－四条から一二一－七条までの定めるところに従い、かつ、法令の定める場合に、自己のために（pour leur compte）その機関または代表者の犯した罪につき刑事責任を負う。法人の刑事責任は、同一の犯罪行為の正犯または共犯の刑事責任を排除しない（一二一—三条）。

さて、刑は、自然人に対する刑と法人に対する刑とに分かれる。

自然人に対する刑は、重罪刑、軽罪刑および違警罪刑に分かれる。

重罪刑は、⑴無期の懲役・禁固、⑵三〇年以下の懲役・禁固、⑶二〇年以下の懲役・禁固、⑷一五年以下の懲役・禁固に分かれる。短期は一〇年（一三一—一条）。

軽罪刑は、⑴拘禁刑（emprisonnement）、⑵罰金、⑶日数罰金（jour-amende）、⑷公益労働（社会奉仕作業）、⑸権利制限に分かれる（一三一—三条）。拘禁刑は、一〇年以下、七年以下、五年以下、三年以下、二年以下、一年以下、六月以下の七段階に分かれる（一三一—四条）。

一体、有期の自由刑をこんなに細分する必要があるのか、理解に苦しむところである。自由刑には、一般的に罰金が必要的に併科されている。その際、自由刑一年と罰金一〇万フランとが対応している。たとえば、単純窃盗は、三年の拘禁刑および三〇万フランの罰金で罰する（三一一—三条）。

軽罪につき拘禁刑が科せられているとき、裁判所は、これに併科して三六〇日以下の日数罰金（日額は、二、〇〇〇フラン以下）を言い渡し（一三一—五条）、または四〇時間以上二四〇時間以下の公益労働（社会奉仕作業）を言い渡すことができる（一三一—八条）。日数罰金は、拘禁刑に代わるものでない。

二　法人に対する刑、各則の犯罪類型

新法典は、法人を犯罪主体とし、その刑事責任を正面から認めたことに対応して、法人に対する特徴的な刑の体系を設けた。

まず、罰金の多額は、自然人に対して定められた額の五倍とされる（一三一―一三八条）。

次に、法人に対する独特の刑としては、次に掲げるものがあり、それらを併科することができる（一三一―一三九条）。(1)法人の解散、(2)職業活動または社会的活動の直接または間接の遂行の禁止、(3)五年以下の司法監視、(4)無期または五年以下の事業所の閉鎖、(5)上記同期間の公契約の禁止、(6)上記同期間の資金公募の禁止、(7)五年以下の小切手振出等の禁止、(8)犯罪供用物件・取得物件の没収、(9)判決の公示・広報

法人に対して刑が科せられる場合は、法令で定められている。新法典では、たとえば、過失致死、麻薬取引、麻薬資金の洗浄、人体実験、盗罪、恐喝、詐欺、横領、背任等、スパイ行為、テロ行為、賄賂罪、文書偽造、通貨偽造等の罪の場合が、それである。

各則の諸規定について特徴的なことは、構成要件が細分化されており、それに相応して法定刑が定められていることである。これは、刑法の客観化をめざす基本的立場からの帰結であろうが、それにしてももう少し整理統合できないものか、という印象をぬぐい去ることができない。

法定刑は、一般的に高いように感ぜられる。死刑は廃止された（一九八一年）とはいえ、絶対的法定刑として無期懲役を規定する条文が多い。たとえば、集団殺害等（二一一―一条以下）、重罪を伴う故殺（二二一―二条）、謀殺（二二一―三条）、一五歳未満の者、尊属、司法官、参審員、弁護士、証人、被害者等に対する故殺（二二一―四条）、上記の者に対する毒殺（二二一―五条）、拷問・野蛮行為（二二二―二条）、麻薬の不正取引、入手、不正使用（二二二―二四条）を目的とする団体の指揮・組織、強盗致死（三一一―一〇条）等が、それである。

このような次第であるので、三〇年以下の懲役、二〇年以下の懲役という法定刑は、多数見受けられる。たとえば、謀殺、毒殺、強姦致死（二二二―二五条）、組織集団による麻薬の不法製造（二二二―三五条）、その他国家的法益に対する罪につき、三〇年以下の懲役が規定されている。

二〇年以下または三〇年以下の懲役・禁固にあたる罪の累犯は、最高刑が無期とされる（一三二―八条）。一般的に、累犯の場合の自由刑と罰金は、二倍にされ（一三二―九条以下）、法人に対する罰金刑は、一〇倍にされる（一三三―一二条以下）。

他方、刑の執行猶予が自然人については五年以下の拘禁刑、罰金、日数罰金、権利制限につき（一三二―三一条）、法人についても、罰金その他の刑につき認められていること（一三二―三二条以下）は、注目される。なお、五年以下の拘禁刑については一部執行猶予も可能である（一三二―三一条三項）。たとえば、一年の拘禁刑のうち、六カ月を執行するものである。

各則の犯罪類型の中では、政府提出の法案にはなかった毒殺罪と職務上の地位濫用によるセクハラ罪（harcèlement sexuel）（二二二―三三条）が国会の審議で新設されたことが、注目される。

差別罪（discriminations）は、現行刑法四一六条以下の規定を補強したものである。人の出身、性別、家族の状況、政治的意見、人種、宗教等を理由にした一切の差別的取扱いを罰するものである(二二五―一条以下、四三二―七条)

プライバシー侵害罪は、同意を得ないで、他人の私生活の秘密を、録音、写真撮影等の行為によって侵害するものであって、一年以下の拘禁刑および三〇万フラン以下の罰金(二二六―一条以下)。プライバシー侵害の用に供される器械等の製造、輸入、販売等も、同様の刑に処せられる。

新刑法では、厳罰を望む見地から、麻薬に関して数個の犯罪類型が新設された。二二二―三四条は、麻薬の製造、輸出入、運搬、販売、不正使用を目的とする集団の指揮・結成を無期懲役および五、〇〇〇万フラン（約一〇億円）以下に処する。これは、マフィア型犯罪の制圧をねらいとしたものである。麻薬の不正生産・製造は、二〇年以下の懲役および五、〇〇〇万フラン以下の罰金（二二二―三五条）、組織集団がこれを犯したときは、三〇年以下の懲役および五、〇〇〇万フラン以下の罰金（同条）。麻薬の密輸出入、輸送、販売、不正使用は、一〇年以下の拘禁刑および五、〇〇〇万フラン以下の罰金（二二二―三六条以下）。組織集団がこの罪を犯したときは、三〇年以下の懲役および五、〇〇〇万フラン以下の罰金。

麻薬の不正取引から得た収益の洗浄（blanchiment du produit）（いわゆるマネー・ロンダリング）は、一〇年以下の拘禁刑および一〇〇万フラン以下の罰金に処せられる（二二二―三八条）。

犯罪的結社への参加罪は、現行法よりも処罰範囲をいちじるしく拡大している。一個または数個の重罪または一〇年以下の拘禁刑にあたる軽罪の準備をする目的で設立された団体または一個もしくは数個の客観的事実によって裏付けされる謀議は、犯罪者の結社（association de malfaiteurs）を構成する。この結社への参加（participation）は、一〇年以下の拘禁刑および一〇〇万フラン以下の罰金（四五〇―一条）、さらに各種の権利制限および居住制限の補充刑に処せられる（四五〇―三条）

（判例時報一四五七号、一九九三年）

13 法人等の処罰
――フランス新刑法典における――

＊「法人に刑事責任なし」という伝統的なドグマを克服▼フランス新刑法の革新的内容は、諸国に多大の影響を及ぼすこと必定

一　重要な改革

一九九二年制定のフランス新刑法典は、法人等（personnes morales）の刑事責任を正面から認め、法人等に対する刑罰を規定している。このことは、新刑法における重要な改革点の一つとなっている。

「第二次大戦後、フランスで始められた刑法改正作業では、一九七六年草案以降、法人処罰の方針が一貫して採用されている。法人に刑事責任なしという伝統的ドグマ（教義）は、団体の活動実態をあらゆる角度から見るとき、今や時代錯誤のものとなっている。」――このように、一九七八年「刑法確定草案」の説明書は述べている。草案を作成した司法省刑法改正委員会は、一九世紀の刑法が採用した「刑罰の一身性の原則」（principe de la personnalité des peines）はもはや時代にそぐわないとし、「団体の刑事責任の原則」（principe de la responsabilité pénale des groupements）を確立した。

確定草案は、七六年草案を承けて、商業上、工業上または金融上の活動をするすべての団体（groupement）は、その機関の意思決定にもとづき、その団体の名において、団体の利益のために犯した罪につき刑事責任を負う、と規定した（三八条）。その後、一九八六年草案では、主体が「団体」から「法人」

に改められたが、全体として適用領域を拡大する変更がほどこされた。

新刑法は、八六年草案の立場を基本的に承継して、次のように規定している。

第一二一—二条① 国を除く法人等は、自己の利益のために（pour leur compte）その機関又は代表者によって犯された罪につき、第一二一—四条から第一二一—七条までの区別に従い、かつ、法令の定める場合に刑事責任を負う。

② 前項の規定にかかわらず、地方公共団体及びその連合体は、公役務の委託契約の対象となりうる活動の遂行に当たって犯された罪に限り、刑事責任を負う。

③ 法人等の刑事責任は、同一の所為に関する自然人の正犯又は共犯の刑事責任を排除しない。

本条二項により「地方公共団体及びその連合体」（les collectivités territoriales et leurs groupements）が刑事責任を問われうるのは、たとえば、水道事業、学校給食、家庭用ごみ収集等のように民間委託が可能な事業を公共団体（またはその連合体）自身が行うに当たって犯された罪についてである。

ところで、新刑法が用いている《personnes morales》という言葉は、なにを意味するであろうか。この言葉は、民法では、わが国の民法における「法人」とほぼ同じ意味に用いられている由であるが、新刑法では、それよりも広い意味で用いられている。新刑法典に定義規定は置かれていないので、新刑法の説明書の記述が参考になる。説明書によれば、国を除いて、次に掲げるすべての法人等が、これに該当する。

(1) 営利目的の私法上の法人等（民事上または商業上の会社〔sociétés〕、経済的利益を目的とする団体……）

(2) 非営利目的の私法上の法人等（結社（associations）、政党、政治団体、組合（syndicats）、従業員〔職員〕の代表機関……）

(3)　国以外の公法上の法人等（地方公共団体、公共施設……）

上記の説明中、「……」と原文にあるのは、「等」とか、「その他」を意味するであろう。要するに、《personnes morales》という言葉は、われわれが普通、「法人」という用語で思い浮かべるよりもかなり広い概念を内包するようである。そこで、本稿では、仮に「法人等」と訳すことにした。

外国国籍の法人等も、同一の要件の下で刑事責任を負う。

さて、一二一—二条によれば、法人等の刑事責任が問われるのは、法人等が(a)自己の利益のために（自己の計算において）、かつ、(b)その機関または代表者によって罪を犯した場合に限られる。それゆえ、従業員がその職務の執行において、または職務執行の機会に犯した罪について、法人等が刑事責任を問われることはない。しかし、法人等の刑事責任は、同一所為の正犯または共犯である自然人の刑事責任が問われる場合でも、排除されることはない。たとえば、会社のため産業書類の窃盗または電気窃盗を犯した場合には、その犯行の実行者である自然人の刑事責任が問われるほか、法人の刑事責任が問われることがある（説明書による）。

法人等の訴追および裁判に関する特別規定が、刑訴法第四部第八編に挿入された。

二　法人等に適用される刑

新刑法第一部第三編「刑」は、第一章「刑の性質」において、第一節「自然人に適用される刑」（一三一—一条以下）と並んで、第二節「法人等に適用される刑」（一三一—三七条〜一三一—四九条）を規定している。

まず、第二節第一款は、「重罪刑及び軽罪刑」を規定する。それによると、(1)罰金および②法律の定める場合に、一三一—三九条に掲げる刑、の二つに大別される。

罰金の多額は、自然人に対して科せられる罰金の五倍以下である(一三一—三八条)。これによると、詐欺(escroquerie)のかどで法人等に科せられる罰金は、一、二五〇万フラン(約二億五、〇〇〇万円)以下(三一三—一条)、加重事情があるときは、その二倍ということになる(三一三—二条)。

罰金以外の重罪刑および軽罪刑としては、次の九種類が規定されている(一三一—三九条一項)

(1) 解散(法人等が犯罪を犯す目的で設立された場合、または自然人につき重罪もしくは五年を超える拘禁刑にあたる軽罪を行うためその目的を逸脱した場合)
(2) 無期または五年以下の、職業活動・社会的活動の遂行の禁止
(3) 五年以下の司法監視
(4) 無期または五年以下の、犯行の用に供せられた事業施設の全部または一部の閉鎖
(5) 無期または五年以下の公的取引からの排除
(6) 無期または五年以下の資金公募の禁止
(7) 五年以下の小切手振出しの禁止
(8) 犯行の用に供せられ、もしくはそのために用意された物、または犯行により取得した物の没収
(9) 判決の公示、または新聞もしくは視聴覚伝達手段による判決の広報

右のうち、(1)と(3)は、公法上の法人等、政党、政治団体、職業上の組合(syndicats professionnels)に

は適用されないし、(1)（解散）は、従業員の代表機関には適用されない（同条二項）。

いったい、このように多くの種類の「刑」を法人等に対して規定する必要があるのだろうか。そのような疑問が湧いてくる。

法人等に対する九種類の刑のうち、どの種類の刑が、どの犯罪の場合に科せられるかは、法令の定めるところによる。それは、罪刑法定主義の要請によるものである。たとえば、盗罪（vol）――わが国の窃盗と強盗を包括したもの――（三一一―一条以下）の場合に法人等に科せられる刑は、(1)罰金、(2)職業活動・社会活動の遂行の禁止、(3)没収、の三種類である（三一一―一六条）。

法人等が差別罪（discriminations）（二二五―一条以下）――人の出身、性別、健康状態、政治的意見等のゆえに人に差別的取扱いをする罪――を犯したときは、罰金のほか、一三一―三九条二、三、四、五、八、九各号の刑に処せられる（二二五―四条）。ところが、薬物の不正取引（二二二―三四条以下）、管理売春（二二五―五条以下）、人間の尊厳に反する労働条件および宿泊条件の罪（二二五―一三条）、恐喝（三一二―一条以下）、詐欺（三一三―一条以下）、マネー・ロンダリング罪（二二二―三八条）等の場合には、(1)罰金および(2)一三一―三九条に掲げる九種類の刑が科せられる。ここにいう九種類の中には、法人等の解散、事業所の閉鎖も含まれている。

過失致死（二二一―六条）および過失傷害（二二二―一九条以下）の場合には、(1)罰金、(2)職業活動等の禁止、司法監視、没収および判決の公示等が科せられる（二二一―七条）。もとより、職業活動等の遂行の禁止は、その罪が犯された職業活動について行われる。これによると、たとえば、ある工場で起きた爆発事故により、またはある工場で製造した食料品・薬品等により人の死傷を惹き起こしたときに、罰金のほか、上記三種類の刑（職業活動の禁止等）が科せられるのであろうか。

新刑法は、一般に厳罰主義を採っているように感ぜられる。特に、自然人に対して自由刑と罰金を必要的に併科しており、その罰金額の高いことが、特徴的である。たとえば、マネー・ロンダリング罪の法定刑は、一〇年以下の拘禁刑および一〇〇万フラン（約二、〇〇〇万円）以下の罰金である（二二二―三八条）。法人等がマネー・ロンダリング罪を犯したときは、五〇〇万フラン（約一億円）以下の罰金および一三一―三九条に掲げる九種類の刑に処せられる（二二二―四二条）。つまり、解散、事業所の閉鎖等の刑を科せられることになる。

考えてみると、法人等の解散は、自然人に対する死刑に相応し、事業所の閉鎖は、自然人に対する自由刑に相応するであろう。もとより、事業所の閉鎖は、当該犯罪行為を業務の遂行中または業務遂行の機会に犯した事業所に限定して行われる。とはいえ、無期の閉鎖は、自然人に対する無期自由刑に相応するし、実際問題として、一年間の職業活動の遂行の禁止や事業所の閉鎖でも、法人等にとっては倒産に至る可能性をもっている。恐らく、裁判所としては、法人等に対する刑の量定に頭をひねることになろう。法人等に対するきびしい刑は、法人等の従業員が路頭に迷う帰結をも招きかねないからである。

フランスを中心にして生まれた新社会防衛論は、権利制限の刑事制裁、職業禁止、人の資格制限等につき、合理的かつ謙抑的な適用をするよう主張している。フランスにおける法人等の処罰が実務でどのように行われるかを、注目したい。

（判例時報一四六六号、一九九三年）

14 バルビー裁判

＊「リヨンの虐殺者」として恐れられた元ゲシュタポ隊長は、国民注視の中でどのように裁かれたか▼重罪法院は、参審裁判で、一回限りの事実審

一 リヨンの虐殺者

フランス第三の都市リヨンは、パリの南五〇〇キロの地点にある文化都市である。今日では、平均時速二五〇キロの新幹線（TGV）が、パリとリヨンの間を結んでいる。そのリヨンにあるローヌ重罪法院（Cour d'assisses du département du Rhône）で、一九八七年五月一一日、クラウス・バルビー（Klaus Barbie）（当時七三歳）に対する重罪裁判が始まった。

バルビーは、第二次大戦中、ナチス・ドイツの占領下のリヨンで、ユダヤ人やレジスタンス（対独抵抗運動）戦士に非情な弾圧を加えた元ゲシュタポ（秘密警察）の隊長である。バルビーは、「リヨンの虐殺者」として恐れられた。彼は、一九四二年から四四年まで、リヨンのゲシュタポ責任者として、ユダヤ人など四千人を虐殺し、二万人以上を強制収容所に送った、と言われるからである。

戦後、彼は、米中央情報局（CIA）に雇われて、東欧の情報活動に当たったが、フランスや西ドイツの追及で、一九五一年、中南米に逃れた。彼は、クラウス・アルトマン（Klaus Altmann-Hansen）と変名していた。その後、ナチスの残党組織を利用してボリビア軍事政権に食い込んだが、一九八三年二月、脱税のかどで同国から国外退去の処分を受け、フランスに引き渡された。

以来、四年間、フランスの検察当局は、バルビーのかずかずの罪状のうち、どれをフランスの法廷で裁くことができるか、言いかえると、彼の行為のうちどの部分がニュールンベルク国際軍事裁判でナチスに対して規定した「人道に対する罪」(crimes contre l'humanité) に該当するかを、慎重に審査した。起訴状には、(1)一九四三年二月、リヨンの在仏イスラエル人総連合本部への一斉銃撃事件、(2)四四年四月六日、四四人のユダヤ人児童を強制収容所へ移送したこと(これは謀殺の共犯となる)、(3)同年八月、六五〇人にのぼるユダヤ人やレジスタンス戦士を強制収容所に移送したこと、などが明記された。

これによると、ユダヤ人など四千人を虐殺し、二万人以上を強制収容所に移送した行為の大部分は、公訴事実に含まれていないことになる。

さて、フランスの重罪法院は、重罪に係る事実審としては第一審で、しかも終審である。判決裁判所は、三人の職業裁判官と九人の参審員(刑訴二九六条)とをもって構成される。ここにいう参審員 (jurés) は、国民の中から法定の手続によって選出された民衆裁判官(ないし素人裁判官)である。わが国の新聞には「陪審」と書かれているが、それは、正確でない。九人の参審員は、三人の職業裁判官と共同して、事実認定および刑の量定を行う(刑訴三五六条、三六二条)。

重罪法院が参審裁判所であるため、裁判は、集中審理方式で行われる。バルビー裁判では、五月一一日に裁判が開始されて以来、二カ月近くぶっ通しで審理が続けられ、七月四日に判決言渡しとなった。

新聞報道によれば、ローヌ重罪法院は、この裁判のために大改修され、公判廷には三〇〇人分の傍聴席が特設された。初公判には、七〇〇人の傍聴人が押しかけた。内外の報道陣は、千人に及び、他方、ユダヤ人や極右のデモ襲撃に備えて警察による厳戒態勢が敷かれた。法廷の中ではバルビー指揮下の残虐行為に対するむき出しの憎悪が、連日、渦巻いたようである。国民は、フランスでナチスの大物を裁く、恐らく最後の機会として、バルビー裁判に熱い関心を寄せた。法廷では、ナチスによって拷問を受け、九死に一生を得た被害者の老人たちが杖にすがって証人台に立ち、「ナチスの悪夢」をよみがえらせた。

これに対し、被告人側は、「フランスはアルジェリアで、米国はヴェトナムで、多くの現地人を殺害したではないか。バルビーが人道に対する罪に問われるなら、仏、米も同罪だ」と反撃した。この反撃には、一理がある。フランスは、かつての古傷の痛みを覚悟の上で、バルビー裁判を進めた。「この裁判は、ナチズムを知らないすべての人びとに、真実と教訓を示す最適の場」（シャバンデルマス元首相）と信じたからであろう。

一九八七年七月四日、ローヌ重罪法院は、バルビーに対し、一連の残虐行為を「人道に対する罪」と認定し、無期懲役を言い渡した。死刑は一九八一年一〇月九日に廃止されたので、無期懲役は、最高刑である。バルビーは、判決言渡しを、防弾ガラスで覆われた被告人席で、首をうなだれて聞いた。「無期懲役」の宣告に、法廷を埋めた七〇〇人の傍聴者から一斉に拍手とどよめきが起こった。

バルビーは、この判決を不服として破毀院に破毀申立て（いわゆる上告）をした。

二　破毀院による申立棄却

破毀院刑事部は、今年（一九八八年）六月三日、バルビーの破毀申立て（いわゆる上告）を棄却した。これによって、彼に対する無期懲役の言渡しは確定した。

この新聞報道を見て、わたくしは、早速、破毀院院長ロゼス（Simone Rozès）夫人に手紙を出し、判決文のコピーを送っていただけないか、とお願いした。折り返し、ロゼス院長から判決文全文のコピーが送られてきた。そして、手紙には、六月三〇日限りで、定年（六八歳）のため破毀院院長の職を退くこと、一〇月初め、学会出席のため日本を訪れる予定であることが書かれてあった。

破毀申立ての趣意は、一四項目に及んでいる。その大部分は、対審裁判の原則に違反したとか、防御権の行使が妨げられたとかいうものである。最大の論点になったのは、公訴の時効が完成していたかどうか、である。バルビーに対しては、一九五四年一一月二五日、リヨン常設軍事裁判所（Tribunal permanent des forces armées de Lyon）で、欠席裁判により、謀殺、不法逮捕、拷問または残虐行為を伴う監禁などの故に「戦争の罪」につき有罪とされ、死刑判決が下されている。当時、「戦争の罪」は、軍事裁判所の管轄に属するとされていたのであろうか。

欠席裁判は、公訴の時効の進行を停止するために行われるようである。しかし、重罪につき欠席裁判で言い渡された刑は、二〇年で時効にかかる（刑訴七六三条）。ところが、フランスの一九六四年一二月二六日法律一三二六号の「人道に対する罪の無時効性を確認する法律」は、一九四五年八月八日の国際軍事裁判所規約六条Cに従い、一九四六年二月一三日の国連決議により定義された人道に対する罪については、その性質上、時効は完成しない旨を規定している。

上記の破毀院判決によれば、人道に対する罪の無時効性の原則（principe d'imprescriptibilité）は、一九四五年八月八日のロンドン協定に付属するニュールンベルク国際軍事裁判所規約および一九四六年二月一三日の国連決議に由来する。すでに、一九八六年一一月二五日、破毀院刑事部は、「人道に対する罪」

については時効は完成しないが、「戦争の罪」については時効は適用される旨を判示している。その結果、当然のことながら、「人道に対する罪」と「戦争の罪」との限界線をどこに引くかが、問題になる。他方、バルビーは、ユダヤ人など四千人を虐殺し、二万人以上を強制収容所に送っているのに、なぜ、そのごく一部分についてしか起訴されなかったのか、明白な証拠のある行為についてのみ起訴されたためであるかが、問題となる。

ところで、当時のフランス刑法典にも特別法にも「人道に対する罪」を定めた条文は存在しない。刑法典には謀殺、傷害、不法逮捕監禁等の罪が規定されているが、それらの罪は、一九四六年二月一三日の国連決議による定義と重なり合う限りで、「人道に対する罪」とされるのであろうか。理論的には、罪刑法定主義の見地から、問題は残るように思われる。しかし、破毀申立趣意書の中には、この点を正面から衝いたものは見受けられない。中立趣意書にこの点が盛り込まれていない以上、判決がこの点に触れていないのは、当然であろう。

最後に、バルビーの側に減軽事情が認められるかが、一つの争点とされた。バルビーは、ドイツ帝国政府またはヒットラー総統の指図に従って行動したのであるから、彼の場合、ニュールンベルク国際軍事裁判所規約八条に定める刑の減軽が認められるか、という問題が生ずる。被告人側は、重罪法院でこの点を主張したようである。が、重罪法院は、この主張を斥けた。

破毀院は、次のように判示した。被告人が政府または総統の指図に従って行動したという事実は、彼の責任を阻却するものではないが、正義がそれを要求すると裁判所が認めるときには、刑の減軽事由とされることがある。しかし、被告人の場合、刑の減軽事由にあたるとは認められない、と。

このようにして、原審の訴訟手続は適法なものであり、かつ、刑は、被告人の所為につき合法的に適用されているので、「破毀申立てを棄却する。」と判決された。

フランスでは、無期懲役の受刑者は、一五年間、刑に服した後に仮釈放されることがある（刑訴七二九条三項）。仮釈放を許可するのは、刑期三年を超える場合には、司法大臣である（刑訴七三〇条三項）。実務では、無期受刑者は、平均一八年、刑に服した後、仮釈放されている。

バルビー裁判に関連して思い出されるのは、一九六一年のアイヒマン裁判のことである。第二次大戦中にユダヤ人を大量虐殺したアイヒマン（Adolf Eichmann）は、一九六〇年、逃亡先のアルゼンチンからイスラエルの特捜班によって拉致されてイスラエルに送られ、裁判の結果、一九六二年三月、絞首刑に処せられた。イスラエルは、一九四八年の建国以来、死刑廃止国であったが、一九五〇年の特別法で、ユダヤ民族に対する罪等について死刑を規定し、これを適用してアイヒマンに死刑を宣告した。

アイヒマン裁判については、実に数多くの文献が出ている。バルビー裁判については、裁判記録を後世に伝えるため、公判の全過程がヴィデオに収められている。そのフィルムを資料庫で閲覧できるのが二〇年後、一般公開されるのは五〇年後、と定められている由である。

（判例時報一二八一号、一九八八年）

〔追記〕　新刑法第二部第一編は、「人道に対する重罪」を規定している（三一一—一条以下）。なお、無期刑は、原則として一八年経過後に仮釈放を許可されることがある（一三二—二三条）。

15 フランスの新しいマネー・ロンダリング処罰法案

＊ フランス語でも、マネロンは「カネの洗濯」を意味する▼法案では、マネロンに対する厳罰方針がうかがわれる

一 マネロン条約の批准に向けて

フランスでマネー・ロンダリング（資金洗浄）の処罰範囲の拡大をめざす法案が、一九九五年現在、国会で審議されている。法案の名称は、「ヨーロッパ評議会のマネー・ロンダリング条約の規定にフランスの法律を適合させ、かつ麻薬取引に対する闘争を改善することをめざす法律」案である。ここで「マネー・ロンダリング条約」というのは、一九九〇年一一月八日、フランスのストラスブールで締結された「犯罪収益の洗浄、捜索、差押え及び没収に関する条約」（本書**5**を見よ）のことである。さて、マネー・ロンダリング（以下「マネロン」という）は、フランスでは「ブランシマン“blanchiment”（白くすること。洗濯）」と言われている。

マネロン罪は、かつては公衆衛生法（Code de la santé publique）に規定されていたが、一九九二年新刑法典（一九九四年三月施行）に取り入れられた。このマネロン罪（刑二二二―三八条）は、麻薬の不正取引（刑二二二―三四条から二二二―三七条まで）に係る資金洗浄を罰するものである。現行法では、法定刑

は、一〇年の拘禁刑および一〇〇万フラン（一フランは、現在約二一円）の罰金である。

ところで、マネロン条約は、マネロン行為の客体とされる「収益」を最も広く解して、「犯罪に由来するすべての経済的利益」とするとともに、その「犯罪」の範囲を薬物犯罪に限定しないこととした。これによれば、あらゆる種類の犯罪収益のロンダリング行為が罰せられることとなり、併せてその犯罪収益が没収の対象物とされることになる。

フランスは、マネロン条約に署名した。この条約を批准するため、国内法の整備をめざす法案は、一九九四年八月二四日、下院（国民議会）に提出された（下院第六一一号法案）。

法案一条によれば、刑法典第三部第二編第三章の次に、"Du blanchiment"（洗浄罪）と題する第四章が追加される。第四章は、第一節と第二節から成る。そのうち注目すべきは、次の第一節である。

第一節　単純洗浄及び加重洗浄

第三二四―一条〔単純洗浄〕

① あらゆる方法によって、重罪又は軽罪の行為者が直接又は間接に取得した財産又は収益の出所に関する虚偽の証明を容易にする行為は、洗浄とする。

② 重罪又は軽罪から直接又は間接に得た収益の販売、隠匿又は転換の活動に協力する行為も、洗浄とする。

③ 洗浄は、五年の拘禁刑及び二五〇万フランの罰金に処する。

第三二四―二条〔加重洗浄〕

洗浄は、次の各号のいずれかに該当する場合には、一〇年の拘禁刑及び五〇〇万フランの罰金に処する。
一　常習的に又は職業活動の遂行がもたらす便宜を利用して犯されたとき。
二　組織的集団によって犯されたとき。

第三二四－三条〔罰金刑の加重〕
第三二四－一条及び第三二四－二条の罰金刑は、洗浄行為の客体となった財産又は資産の額の半分まで加重することができる。

第三二四－四条〔前提犯罪が重い場合の刑の加重〕
洗浄行為の客体となった財産及び資金の由来する重罪又は軽罪が、第三二四－一条又は第三二四－二条の適用により科せられる拘禁刑を超える期間の自由刑で罰せられるときは、洗浄は、行為者が意図した犯罪に対する刑で罰し、かつ、その犯罪が加重事情を伴うときは、行為者が認識していた事情のみに係る刑で罰する。

第三二四－五条〔累犯〕
洗浄は、累犯に関しては、同一の機会に洗浄行為が行われた犯罪と同視される。

第三二四－六条〔未遂〕
本節の軽罪の未遂は、既遂と同じ刑で罰する。

以上の条文では、まず、単純マネロン（単純洗浄）と加重マネロン（加重洗浄）とが区別されていることが、注目される。両者は、構成要件を異にする。
麻薬の不正取引に係るマネロンは、現行刑法では一〇年の拘禁刑および一〇〇〇万フランの罰金で罰せられる（二二二—三八条）のに対し、上記法案では、単純マネロンは五年の拘禁刑および二五〇万フランの罰金、加重マネロンは一〇年の拘禁刑および五〇〇万フランの罰金で罰せられる。ここでは、罰金額が高額であることが、特徴的である。高額の罰金を科することにより犯罪収益を剝奪することが、意図されているのであろう。

三二四—一条について注目すべき点が、二つある。その一は、犯罪の種類いかんを問わず、すべての重罪（crime）および軽罪（délit）がマネロン罪の前提犯罪とされていることである。これは、いうまでもなく、マネロン条約六条を承けて国内法を整備しようとするものであって、画期的な意義をもつ。

その二は、同条二項で、現行刑法二二二—三八条〔麻薬犯罪に係る洗浄〕とは異なり、「事情を知りながら」（sciemment）という文言がないことである。過失犯をも罰する趣旨であろうか。

第二節「自然人に適用される補充刑及び法人の刑事責任」では、まず、自然人に対する職業活動・社会的活動の禁止、武器の所持禁止、運転免許の停止・取消し、車両の没収、犯罪供用物等の没収、滞在禁止等の補充刑が規定されている。

法人に対しては、一二一—二条に規定する要件に従って刑事責任が認められる場合に、罰金のほか、法人に対する特別の刑罰（刑一三一—三九条）が科せられる（刑三二四—九条）。

二　麻薬の不正取引に係るマネロン罪の改正

法案二条は、麻薬の不正取引に係る現行刑法のマネロン罪の規定を、次のとおり改正することを意図している。

第二二二―三八条〔麻薬犯罪に係る洗浄〕

① あらゆる方法で、第二二二―三四条から第二二二―三七条までに定めるいずれかの罪の行為者の財産若しくは収益の出所に関する虚偽の証明を容易にする行為又はそれらの罪のいずれかに由来する収益の販売、隠匿若しくは転換の活動に協力する行為は、一〇年の拘禁刑及び五〇〇万フランの罰金に処する。

② 前項の罪が第二二二―三四条、第二二二―三五条及び第二二二―三六条第二項に記載する重罪のいずれかに由来する財産又は資金に係るときは、行為者は、その認識していた重罪につき定める刑に処する。

③ 第一三二―二三条第一項及び第二項の規定は、本条の罪について適用する。

この規定による改正点は、次の三つである。

(1) 現行法の構成要件中、あらゆる「不正な」方法によって、……「すべて」の活動に「事情を知りながら」協力するという部分におけるカッコ内の文言が削除されていること。

(2) 法定刑の罰金額の上限が、一〇〇万フランから五〇〇万フランに引き上げられたこと。

(3) 第二項が追加されたこと。

これによると、麻薬犯罪に係るマネロン罪は、その犯された方法のいかんを問わず、（恐らく過失犯の場合をも含めて）すべて加重マネロン罪と同様に重く罰せられる。これは、注目すべきことである。

さらに、麻薬犯罪の制圧を強化するために、次の二カ条が刑法典に追加され、または改正される。

第二二二―三九―一条〔麻薬取引の嫌疑者〕

① 本節により処罰される活動の一にふける数人と常習的関係になって、その者の生活状態に相応する収入を正当化することができない事実は、五年の拘禁刑及び五〇万フランの罰金で罰する。
② 前項に規定する者のうち、一人又は数人が未成年者であるときは、拘禁刑は、一〇年とする。
③ 保安期間に関する第一三二―二三条第一項及び第二項の規定は、前項の罪について適用する。

第二二七―一八条〔未成年者に対する教唆〕

① 未成年者に対し麻薬の運搬、所持、提供又は譲渡を直接教唆する行為は、七年の拘禁刑及び一〇〇万フランの罰金で罰する。
② 一五歳未満の者に関するときは、本条の罪は、一〇年の拘禁刑及び二〇〇万フランの罰金で罰する。

上記のうち、麻薬取引の嫌疑者を罰する二二二―三九―一条は、イタリアがマフィア制圧のためマフィア嫌疑者を予防処分の対象としている(予防処分法、対マフィア法)のと同様、きびしいものであるように思われる。

三　国際協力に関する諸規定

マネロン条約第三章「国際協力」(七条~三五条)は、道具および収益の没収を目的とする捜査および手続のために、できる限り広い範囲の協力を相互になすべき義務を締約国に課しており(七条)、この立場から、捜査共助、保全処分および没収に関し、詳細な規定を設けている。

法案は、マネロン条約の当事国から条約第三章を適用してなされる請求に対し、フランス側で執る手続を規定している（五条～一二条）。

請求の拒絶事由は、マネロン条約第一八条で裁量的なものとして掲げられているが、法案では、義務的拒絶の場合と裁量的拒絶の場合とに分けて規定されている。

前者に属するのは、請求に係る所為がフランスで訴追されているとき、または確定判決の対象となったとき（二号）、政治犯罪であるとき（三号）、などである。双方可罰性は、請求に強制処分が含まれるときに限り必要とされる。

後者に属するのは、請求の実行によりフランスの主権、安全またはその他の基本的利益が害されるおそれがあるとき、などである。

外国裁判所がした没収命令は、犯罪の収益または道具を構成する特定または不特定の財産であって、フランス国内に所在するものを対象とし、またはその財産価値に相応する一定金額の支払義務を内容としなければならない（法案八条二項）。外国没収命令により没収される財産は、フランス法により類似の場合に没収されうるものであることを要する（同条三項）。

外国没収命令の執行については、フランス刑訴法の定めるところに従う（九条）。

（判例時報一五一七号、一九九五年）

〔追記〕 この法案は、一部改正の上、一九九六年五月、法律として成立した。本書***16***を見よ。

16 フランスのマネー・ロンダリング法の成立

＊マネロンは、家を食い荒らす白アリのように世界中にはびこっている▼それを退治する国際的方策を盛り込んだ新法律

一 マネロン罪の創設

前章で紹介したマネロン処罰法案が、一九九六年五月、法律として成立した（同年五月一六日施行）。同法の正式名称は、「（資金）洗浄及び麻薬の不正取引に対する闘争並びに犯罪収益の差押え及び没収に関する国際協力に関する一九九六年五月一三日法律九六―第三九二号」となっている。

法案は、最初、上院が可決（一九九五年一〇月）したものを下院（国民議会）が修正し、それを上院がさらに修正し、それを下院が可決するという審議経過をたどって、ようやく法律として成立した。

この法律は、一九九〇年一一月八日、フランスのストラスブールで締結された「犯罪収益の洗浄、捜索、差押え及び没収に関する条約」の規定にフランスの法律を適合させ、かつ、麻薬取引に関する闘争を改善することを目ざすものである。

この条約（いわゆるマネロン条約）は、英国が一九九二年九月に批准したのに続いて、スイスとオランダが批准したことにより、一九九三年八月に発効した。その後、ブルガリア、イタリア、ノルウェイが批准したのに続いて、一九九六年、フランスが批准し、これにより批准国の数は、八カ国に達した。上記八カ国のほか、オーストリア、ベルギー、デンマーク、ドイツ、ギリシャ、スウェーデンなど、一四

カ国が、マネロン条約に署名している。恐らく、これらの国は、国内法の整備を待って同条約を批准することになろう。

上記の諸国がマネロン条約に従って犯罪の種類のいかんを問わず主要犯罪についてマネロン（資金洗浄）を犯罪化し、それと並んで、伝統的な「没収」概念を拡大することにより犯罪収益等の没収の徹底を図ろうとしていることは、国際的な新しい動向として、まことに注目すべきところである。

さて、本法は、第一編「洗浄に対する闘争並びに犯罪収益の差押え及び没収に関する国際協力に関する規定」（一条〜一六条）と第二編「麻薬取引に対する闘争を改善することをめざす規定」（一七条〜一九条）から成る。

本法中、重要な意義をもつのは、刑法典に重要な改正がほどこされたことである。

まず、刑法第三部第二編第三章の次に、“Du blanchiment”（洗浄罪）と題する第四章が追加された。注目すべきは、その第一節「単純洗浄及び加重洗浄」（三二四—一条〜三二四—六条）である。その条文の規定は、本書第一五章（一一四頁以下）所載のとおりである。ここで重要な意味をもつのは、犯罪の種類いかんを問わず、すべての重罪および軽罪がマネロン罪の前提犯罪とされていることである。

法定刑は、単純洗浄につき五年の拘禁刑および二五〇フランの罰金（三二四—一条）、加重洗浄につき一〇年の拘禁刑および五〇〇万フランの罰金（三二四—二条）である。これは、法定刑の上限を指すと解されるのであるが、罰金が必要的併科とされていることから見ても、重い刑ということができる（ちなみに、一フランは、現在、約二一円）。

第二節の「自然人に適用される補充刑及び法人の刑事責任」は、本書**13**で要点を書いたとおりである。

そこで注目すべきは、法人に適用される罰金の上限が自然人について定める額の五倍とされていることである（刑三二四―九条）。

本法二条は、刑法二二二―三八条を次のとおり改めた。

第二二二―三八条〔麻薬取引の共犯〕

① あらゆる方法で、第二二二―三四条から第二二二―三七条までの罪〔麻薬取引の罪〕の行為者の財産又は収益の出所に関する虚偽の証明を容易にする行為又はこれらの罪のいずれかの収益の販売、隠匿若しくは転換に協力する行為は、一〇年の拘禁刑及び五〇〇万フランの罰金に処する。

② 前項の罪が第二二二―三四条、第二二二―三五条及び第二二二―三六条第二項の罪のいずれかに由来する財産又は資金を対象としたときは、その行為者は、その者が認識した重罪について定める刑に処する。

③ 保安期間に関する第一三二条第一項及び第二項の規定は、本条の罪について適用する。

この新条文を改正前の規定と比べてみると、(1)第一項で、「あらゆる不正な方法で」という文言中、「不正な」が削られたこと、(2)「……に事情を知りながら協力する」という文言中、「事情を知りながら」が削られたこと、および(3)第二項が追加されたことが、改正点となっている。

これによると、第一項については、適法な方法によるときでも、また、過失によるときでも犯罪の成立が認められることになる。これは重要な意味をもつ改正であるように思われる。なぜなら、(1)麻薬犯罪に係るマネロンが合法取引を仮装して行われることが多く、また、(2)過失犯を罰しないと、マネロンの制圧を図ることが、実際上、困難であるからである。

ついでに、本法第二編により刑法典に追加された二条文を次に掲げる。

第二二二―三九―一条〔麻薬取引の嫌疑者〕

① 本節により処罰される活動の一にふける一人若しくは数人又は麻薬の使用にふける数人と常習的関係にあって、その者の生活状態に相応する収入を正当化することのできない事実は、五年の拘禁刑及び五〇万フランの罰金で罰する。

② 前項に規定する者のうち、一人又は数人が未成年者であるときは、拘禁刑は、一〇年とする。

③ 保安期間に関する第一三二―二三条第一項及び第二項の規定は、前項の罪に適用する。

第二二七―一八―一条〔未成年者に対する教唆〕

① 未成年者に対し麻薬の運搬、所持、提供又は譲渡しを直接教唆する行為は、七年の拘禁刑及び一〇〇万フランの罰金で罰する。

② 一五歳未満の者に関するときは、本条の罪は、一〇年の拘禁刑及び二〇〇万フランの罰金で罰する。

これら二条文は、法案の規定を受け継いだものである。それにしても、二二二―三九―一条は、「収入を正当化する（justifier）ことのできない」者は罰する、という嫌疑刑を規定するものではなかろうか。

二 国際協力に関する規定

本法第一編第三章「国際協力に関する規定」（九条―一六条）は、マネロン条約第三章「国際協力」（七条―三五条）に相応して国内法を整備したものである。マネロン条約の適用により当事国によってなされた要請については、次の措置が国際協力の対象とされる（九条）。

一　犯罪収益、犯行の用に供し若しくは供しようとした物又はその犯罪収益に相応する価値をもつ財産の捜査及びその同一性の調査

二　これらの物、収益又は財産の没収

三　これらの物、収益又は財産についての保全措置

一〇条は、他の当事国からなされた協力要請を拒むことができる事由を列挙している。それは、その執行により公の秩序を侵害するおそれがあるとき（一項一号）、政治犯罪に関するとき（三号）、フランスの主権、安全、その他の基本的利益を侵害するおそれがあるとき（二項）などである。双方可罰性は、強制処分を含む要請についてのみ必要とされる（一項五号）。

外国の司法当局から提出された要請の執行については、嘱託書（commissions rogatoires）は、フランス法に従って執行される。外国の裁判所がした没収命令の執行が外国から要請されたとき、その執行は、検察官の請求により軽罪裁判所が許可する（一二条一項）。

この没収命令は、犯罪収益を構成する特定もしくは不特定の財産もしくは犯罪の道具であってフランス国内にあるものを目的とし、又はこの財産の価値に相応する一定金額の支払義務を内容とするものでなければならない（同条二項）。

没収命令の執行については、外国の没収命令が要請国の法律に従って確定し、執行力を有することが前提条件とされる。没収の対象となる財産は、フランス法に従い、類似した条件の下で没収される（同条三項）。

軽罪裁判所における手続（一二条一項参照）は、刑訴法の定めるところによる（一三条一項）。没収命令の対象となる財産につき権利を有する者は、弁護人を選任することができる（同条三項）。裁判所は、外国の没収命令によりなされた事実認定に拘束される（同条四項）。

没収命令の執行が許可されると、没収された財産の所有権はフランスに移転させる効果が生じる。ただし、要請国との間にこれと異なる取決めがあるときは、この限りでない（一四条二項）。

価値没収の執行を許可する決定がなされたときは、フランスは、その価値に相応する一定金額の支払義務の債権者になる。支払いがなされないときは、処分可能なすべての財産によってその債権を回収する（同条三項）。

以上に述べたのは、第三章中、重要と思われる規定の一部である。「国際協力に関する規定」は、国際刑事司法共助に関して一般的に認められているいわば国際ルールに従い、国内法を整備したものであって、その意味では、格別目新しいものではない。

ただ、われわれとしては、犯罪収益、犯行の用に供した道具等の捜索、差押え、没収が国際的規模において行われること、それゆえ条約によって「国際協力」を義務づけていることなどを注目する必要がある。

（判例時報一五七五号、一九九六年）

〔追記〕　マネロン罪の創設を織り込んだフランス刑法の最新の条文については、日弁連民暴委員会編『注解暴力団対策法』（一九九八年、民事法研究会）三五九頁以下参照。

17　麻薬中毒、エイズ、人権及び逸脱行動

＊麻薬中毒とエイズの対策に国を挙げて取り組むヨーロッパ▼日本型エイズの問題は、パリの国際会議で注目を浴びた

一　国際麻薬救援協会

マロニエの樹々の葉が美しい彩りをし、青い空に映えるパリで、一九九四年一〇月一一から一三日まで、「麻薬中毒、エイズ、人権及び逸脱行動」（Drugs addiction and AIDS. Human rights and deviancy. Toxicomanies, Sida. Droits de l'homme et deviances）に関する国際的学際研究集会（International conference of multi-disciplinary experts）が開かれた。

この国際会議（以下「パリ会議」という）は、国際麻薬救援協会（Association S.O.S. Drogue international＝SOSDI）の主催の下に、ミッテラン大統領の後援を得て、ユネスコ本部で開かれた。会議には、二五カ国から約四五〇名が参加した。

国際麻薬救援協会は、一九八四年、創立された（会長は、Régine Choukroun夫人）。協会は、(1)世界中で麻薬中毒によって惹き起こされたすべての問題を研究すること、(2)世論の調査活動に奉仕することを目的としているが、活動面では、特に若者の(a)麻薬中毒の予防と(b)社会復帰の援護に重点を置いてる。

この救援協会（SOSDI）は、一九八六年二月に「麻薬中毒。政治的・社会的論点」を議題として国際的学際研究集会をパリで開いている。

協会には、各種の学問分野、すなわち、医学、精神医学、心理学、心理療法、流行病学、人類学、社会学、犯罪学、法律学などの分野から学術顧問（conseils scientifiques）が置かれている。それらの顧問は、現在三〇人（うち、フランス人が一三人）で、世界の主要な国から一人または二人、任命されている。わたくしは、一九八六年にブエノス・アイレスで開かれた第一一回国際社会防衛会議でアジアにおける麻薬問題につきスピーチをしたことが機縁となって、以来、今日に至るまで学術顧問の一人となっている。

そんな関係で、このパリ会議に出席の要請を受け、日本人としてただ一人、出席した。

パリ会議の議題で注目すべきは、エイズ（AIDS、SIDA）の問題が正面から取り上げられたことである。エイズ対策は、現今、世界的に真剣な取組みを求められている緊急の課題である。同年一二月には、パリでエイズ・サミットが開かれたことも、エイズ対策の重要性を物語るであろう。パリ会議の参加者は、その大部分が、医学者、精神医学者、免疫学者、流行病学者であって、しかも、約九割の者がフランス語で話した。専門外のことを早口のフランス語でしゃべられては、平素フランス語を話すことの少ないわたくしは、いささか閉口した。

会議では、麻薬中毒について論ぜられることが多く、エイズ問題を正面から取り上げる議論は少なかったように思われる。それは、パリ会議が医学関係の専門会議ではなかったこと、今後の社会的・刑事政策的取組みをどうするか、特にヨーロッパ地域の連帯的取組み、それよりも広く国際的取組みをどうするか、という点に、会議のねらいが向けられていたからであろう。

「逸脱行動」（deviancy, déviances）という言葉そのものは、標準、正規のルートなどから横に外れた行動・行状を意味するが、ここでは、法律違反とならない薬物などの施用を指すであろう。これは、オランダ、スペインなどで、一定範囲内で薬物などの自己使用を非犯罪化していることに関連して、それ以外の国でも同様の非犯罪化をしてよいか、非犯罪化に伴って好ましくない事態が生じているのではないか、などの問題に係わっている。なにしろ、EC域内は人も物も移動自由であり、国境の壁はないに等しい。しかも、水が低きに流れるごとく、現代の若者の社会的逸脱行動は加速する傾向にある。

会議では、二日目の午前、非犯罪化（decriminalization）がテーマとして取り上げられた。プログラムにある英語の（decriminalization）とフランス語の（dépénalisation）（これは、もともと「非刑罰化」を意味する言葉）とでは意味が違うように思われるが、会議では、両者とも「非犯罪化」の意味で用いられ、「合法化」（légalisation）という言葉も、同じ内容のものとして用いられた。

会議では、米国とオランダの実務家が、自国における薬物の自己使用の非犯罪化の実情を語った。会議の参加者がこれにどう反応したかは、明らかでない。なにしろ、世界には一定量以上の麻薬の不法所持に死刑を科する国もある。また、薬物犯罪の一部を合法化した国では、特に若者を中心にして薬物の常用者が増える傾向にある。

欧米諸国をはじめ、南アフリカ、東南アジアからの参加者の発言からすれば、これらの国は、麻薬犯罪の増加傾向に危機感をいだいているようである。それは、近年、麻薬中毒者の間にエイズの流行が顕著となったこととも関係がある。

パリ会議は、ちょうど一〇月一五日から始まる「麻薬中毒の予防ヨーロッパ週間」の先駆けをする形で開催された。EC加盟一二カ国は、「ヨーロッパ週間」を契機として、予防の強化、広報、学校やマスコミによる麻薬教育と並んで薬物治療センターの活動を促進している。

二　エイズの問題

会議初日の午後、「国際的経験並びに予防及び治療に関する麻薬中毒の現今の課題」が議題とされ、また、三日目の午後、「治療と人権」が議題とされた。

会議初日の午後、わたくしは、「日本及び若干のアジア諸国におけるエイズの医学的・法学的観点」と題して三〇分余りのスピーチをした。その主な内容は、今年八月横浜市で開かれた第一〇回国際エイズ会議（一三〇カ国から約一万二千人が参加）で明らかにされ、外国人参加者から注目と批判を浴びた二つの点、すなわち、(1)日本型エイズの問題と(2)アジアにおけるエイズ（後天性免疫不全症候群）患者およびＨＩＶ（ヒト免疫不全ウイルス）感染者の急激な増加、である。

日本型エイズ（Japanese style AIDS）と言われるのは、米国では一九八三年三月に非加熱血液製剤の販売が中止されたにもかかわらず、日本ではその後も二年四カ月にわたり、その輸入と販売が行われ、血友病患者への投与が続けられたため、血友病患者が感染したエイズのことである。日本型エイズの被害者は、日本におけるエイズ患者・ＨＩＶ感染者の、実に約六〇％を占めている。そして、現在、東京と大阪で、国と製薬会社を相手取ってエイズ訴訟と呼ばれる損害賠償請求裁判が進められている。

日本におけるエイズ問題は、こればかりではなく、患者と感染者に対する偏見と社会的差別が根強く存在するところに見い出される。わたくしは、そうした偏見と差別の実情を率直に述べた。そのことは、会議の参加者の間に大きな反響を呼び起こした。翌日以降、会議の休憩時間や昼食の折にフランスその他の国からの参加者がやって来て、「大変興味深い報告でした。真実を語ったことに敬意を表します。実は、自分の国にも同様な偏見と差別があるのです」などと語った。

新聞報道によれば、一九八五年にフランスで起きた、血液製剤による感染事件をめぐり、閣僚の犯罪を裁く共和国法廷（旧高等法院）は、一九九四年九月二〇日、八五年当時の社会党内閣のファビウス首相、デュフォワ社会問題相、エルベ保健担当相の三人を、二七日から「毒物投与罪」共謀の疑いで調べることを決めた。

この事件では、血友病患者ら一、三〇〇人がエイズに感染し、そのうち四〇〇人近くが死んだ。元国立輸血センターのガレッタ所長らが、エイズ感染の危険がある血液製剤を放置したとして、九三年七月、詐欺罪で禁固四年の判決を受けた。被害者らは、刑が軽すぎるとして毒物投与罪での再審を要求し、所長らは、翌年七月、毒物投与罪で再起訴された。毒物投与罪というのは、「死を惹き起こす性質の物質を使用又は投与して、他人の生命を侵害する」罪（刑法二二一―五条一項）を指すであろう。これは、毒殺の罪として三〇年の懲役に処せられる（同条二項）。

ファビウス元首相らは、健康に危険な物質を放置したとの行政責任を問われたが、時効の完成により訴追は免れた（一九九四年九月二二日の朝日新聞による）

このような事件の背景があるので、フランス人の参加者が、とりわけ日本の出来事に深い関心を寄せたのであろう。

パリ会議の機会に、麻薬やエイズに関する、政府関係の出版物、ユネスコや国際団体等による多数の印刷物・出版物が販売・配布された。「学校におけるエイズ教育」と題する小冊子もあった。

第1表 (%)

	はい	多分	いいえ
交際を続けるか	87.0	8.2	4.8
一緒に働くか	86.2	10.7	3.2
一緒に食事するか	74.9	14.3	10.7
休暇に一緒に行くか	73.6	12.2	14.1
子どもを彼らに預けるか	58.5	22.3	19.3

第2表 (%)

	賛成又は多分	反対
エイズの子供の登校を禁止する	7.0	93.0
エイズ患者の解雇を正当化する	6.5	93.5
エイズ患者を一般人から隔離する	9.2	90.8
エイズ患者を病院に隔離する	39.0	61.0
エイズ検査の同意は必要でない	16.1	83.9

フランスで行われた世論調査によれば、エイズに関する一般国民の理解は、年ごとに進んでいるように見える。例えば、エイズ感染者との交流について一九九二年に行われた調査の結果は、**第1表**のとおりである。

次いで、エイズ予防のための強制措置に関して一九九二年に行われた世論調査の結果は、**第2表**のとおりである。

これらの表によれば、国民はエイズについて理解があり、寛容であるように見える。しかし、実際の行動面でどうであるかは、知りがたいところである。

フランスには、わが国と比較にならぬほど多数の外国人、不法滞在者がおり、外国人売春婦も多い。

一九九二年七月現在、全刑事施設の被収容者五五、〇〇〇人中、ＨＩＶ感染者は三・四％に達している。

（判例時報一五〇八号、一九九四年）

18 ベルギーの刑事施設

＊「ヨーロッパの十字路」といわれる永世中立国▼首都ブルッセルのグランプラス（大広場）は、一六世紀の面影を今も残す名所

一 ヨーロッパの十字路

ベルギーは、「ヨーロッパの十字路」と言われていて、西ヨーロッパ北西部にあり、東はドイツとルクセンブルグに、北はオランダに、南はフランスに境を接し、西は北海に臨んでいる。「ヨーロッパの十字路」と言われてのは、交通の要衝であることのみならず、文化交流の十字路であることをも意味するであろう。

ベルギーは、一八三〇年にオランダから独立した立憲君主国である。現在のボードワン国王は、来日されたことがある。人口は、約一千万人で、面積は、わが国の四国とほぼ同じ。車で高速道路を二時間も走れば、たいていどこかの国境に到着する。

わたくしは、これまで六回、ベルギーを訪れた。私事にわたって恐縮であるが、わたくしの住んでいた岡山のカトリック教会の神父さま方（現在、四人）の母国がベルギーである関係上、渡欧の機会にベルギーを訪れ、おかげで、神父さま方の実家や兄弟姉妹を訪問した。あちこちの家に泊めていただき、ご馳走になり、また、車で各地を案内していただいた。

ベルギーで一番高い山は、海抜六九四メートルの山。「その山の上にアンテナが立ったから、今は海抜

七〇〇メートルだよ」と、ある神父は、ユーモアたっぷりに語った。その神父の話では、小学校高学年のころ、修学旅行(?)かなにかでアルプスの方に行き、高い山を見て、「山とは、こういうものか。すばらしい！」と感激したそうである。こういう次第で、人口密度は、統計上、ベルギーの方が日本よりも高いことになっているが、実質的には、島国日本の方がはるかに高い感じだ。

ブリュッセルのグラン・プラス（大広場）。妻と長男

ベルギーの都ブリュッセル（英語ではブラッセル）は、今日では「ヨーロッパの首都」と呼ばれている。ＥＣ〔一九九三年からＥＵ〕の本部が、ここに置かれているからである。そのゆえか、ブリュッセルでは近代建築が次々と建てられて行き、街の様子は、大きく変貌を遂げつつある。それにもかかわらず、市の中心にあるグランプラス(Grand Place)——市庁舎前の広場——は、「ヨーロッパで最も美しい広場」と呼ばれているほど、中世のけんらんたる面影を今に伝えている。

ベルギーは、永世中立国である。軍隊は、一応、あることはある。「一応」の軍隊だから、ナチスの進撃にあって、あっさり降伏した。それが、賢明なやり方だ。全国民が玉砕するよりも、生き残った方がよいからだ。永世中立のおかげで、社会福祉も刑事政策も進んでいる。歴代の司法省のトップが刑事政策の充実に力を注いだせいで、ベルギーは、「刑事政策の先駆者」と呼ばれている。一例を挙げれば、条件付きの刑の言渡制度である執行猶予の制度は、一八八八年、諸国に先がけてベルギーで採用された。わが国は、一九〇五年（明治三八年）、これにならってフランス＝ベルギー型の執行猶予制を導入した。

もっと古いところでは、一八世紀に建てられたゲント（Gent）（フランス語では、ガンGand）の刑務所とルーヴァン（Leuven, Louvain）の刑務所は、その建築と行刑運営において、かなり久しい間、諸国の行刑のモデルとされた。明治時代に建てられた日本の刑務所も、その影響を受けた。

ルーヴァン（ブリュッセルの東約二五キロ）は、中世の面影を今もとどめる美しい小都市である。ここに、有名なルーヴァン大学がある。ルーヴァン大学は、神学や教会法の研究においてローマのプロパガンダ大学と並ぶ、由緒と権威のあるカトリックの大学である。ゲントとともにこのルーヴァンにおいて近代行刑のモデルが誕生したのかと思うと、歴史の街ルーヴァンに限りない親近感がわいてくる。

わが国では、ベルギーの刑事政策に眼を向ける者は少ない。それは、恐らく、言葉の問題（ベルギーでは、フランス語とオランダ語が公用語とされている）もあるであろうが、それよりも、口を開けば「ドイツ、ドイツ……」という、わが刑法学界のおかしな学問傾向によるであろう。

二　被勾留者との弁護人面会

ところが、わが国にも奇特な人がいた。一九六五年のベルギー行刑法に注目する人が、現れたのである。その奇特な人士は——日弁連の監獄法改正問題の委員会の委員であるとのことだが——、次のように主張している由。

いわく、一九六五年のベルギー行刑法二九条（弁護士との交通）一項には、「弁護士は、いかなる時間でも自由に、次に掲げる者と交通（communiquer）することができる。」とあって、未決被拘禁者との自由な交通が保障されている。ここには「いかなる時間でも」とあるので、夜中でも自由に接見交通できるはずだ。日本でも、ベルギーと同じようにすべきである、と。

最近こんな話を仄聞したわけだが、わたくしは、即座に「おかしいぞ」と感じた。理由は二つ。第一に、わたくしは、これまでベルギーの刑事施設をいくつも参観したが、夜中にも弁護人面会が自由にできるという話を聞いたことがない。第二に、ベルギーに限らず、どの国でも、夜間には、刑事施設の門は閉鎖され、内部には最小限の保安職員が勤務に就いているだけであり、しかも、一人の職員だけで舎房の扉を開けることはない。

こんな次第で、夜間の弁護人面会ができるはずはない。なるほど、沢登(俊)教授訳の「一九五六年ベルギー行刑法」(監獄法改正資料四号)二九条の訳文は、前掲のとおりである。しかし、別の条文に、外部交通等の時間についての規定があるのだろう、と考えるのが、法律家の常識というものである。わたくしは、念のため、ベルギー行刑法の原文に当たってみた。すると、二九条一項には、「昼間のいかなる時間でも自由に」(librement à toute heure du jour) と書いてあるではないか。沢登教授が、「昼間の」という部分の訳を落としていたのである。

この原文における“jour”というのは、辞書を見ると「日、一日、昼、昼間、……」という訳がついている。そこで、“du jour”という言葉は、「一日の」とか、「その日の」と訳せるではないか、という異論を提出する者が出てくるかも知れない。だが、ベルギー人の神父に尋ねてみると、ここは「昼間の」という意味だ、という返事である。

それでも、わが国の奇特な人士は、アッサリかぶとを脱ぐかどうか、わからない。わたくしは、ベルギー司法省の矯正局長ド・リッデル（J. De Ridder）氏に問合せの手紙を出した。旧知の彼から、一九八四年一月二七日付けの司法省書簡で回答が来た。それによると、行刑法二九条一項の上記個所は、やはり、「昼間の」という意味であって、外部との接触のために施設が開かれている時間帯を指す。これは、予想されたとおりの回答であった。

三　刑事施設の概要

ベルギーの矯正局長への手紙には、ついでに矯正施設の現状をもお知らせください、と書いた。行刑法二九条の“jour”が「昼間」という意味かどうかだけを問い合わせるのは、気が引けたからである。回答によれば、一九八四年一月一〇日現在における収容状況は、第一表のとおりである。

〔第一表〕

		男	女
受刑者	ベルギー人	二、二一一人	六二人
	外国人	六七〇人	一二人
被勾留者	ベルギー人	一、二八九人	八三人
	外国人	六九二人	三七人

これによると、受刑者は小計二、九五五人、被勾留者は小計二、一〇一人で、両者の合計は、五、〇五六人ということになる。そのうち、外国人は、二八％弱を占めることになる。

このほか、ベルギーには、一九三〇年の社会防衛法（Loi de défense sociale）にもとづき、社会防衛処分（mesure de défense sociale）と呼ばれる保安処分が導入されている。この法律の適用による被収容者の数は、同じく一九八四年一月一〇日現在、第二表のとおりである。

〔第二表〕

		男	女
a	浮浪者	七七〇人	二四人
b	社会防衛処分の被収容者	六八二人	四四人
c	その他（勾留状態）	九七人	一七人
	小計	一、五四九人	八五人

第二表におけるａｂｃを合計した一、六三四人中、ベルギー人は一、四八〇人で、外国人は一五四人（一〇・四％）である。

当時、ベルギーには、刑事施設と社会防衛施設を合わせて三三の施設があった。受刑者と被勾留者とを合計した被拘禁者の数が五、〇五六人というのは、人口約一、〇〇〇万の国にしては、なんとしても多すぎる。過剰拘禁の原因は、被勾留者が被拘禁者のうち四一パーセント強を占めていることにあるが、別の見方をすれば、外国人が多すぎるのである。

ベルギー司法省の調査によると、一九八二年一二月三一日現在、被収容者の国籍は、三九に及んでいる。東欧、南欧、さらに中近東の国ぐにからも、職を求めて労働者がやってくる。その数は、約一〇〇万人。実にベルギーの人口の一割である。この約一〇〇万人は、人口一、〇〇〇万には含まれていないところで、ベルギーでは、ドイツ、フランスなどと同様、失業率が一割に達している。外国人の失業者が犯罪予備軍か犯罪者になるのは、必然的だ。

外国人の被収容者をかかえる施設側の苦労は、大変なものである。外国人の中には、フランス語、オランダ語、英語のいずれも話せない者が少なくないからである。その上、宗教によっては食べることを禁止された物がある。わたくしが一九八一年にブリュッセルのメゾン・ダレ（被勾留者と中短期の受刑者とを収容する施設）を訪れた際、所長は、外国人処遇の苦労を語った。なにしろ、首都にある拘置監の被勾留者のうち、四割は外国人である。

刑事施設に勤務する職員の年休日数は、年齢によって異なる。四四歳までの二〇日を最低にして、年齢が上がるにつれて一日ずつ増え、六四歳までの者には二四日となっている。恐らく、ベルギーの矯正職員は、年間三五日の休暇を取るフランスよりも休暇日数が少ない、と思っているであろう。

かつて、わたくしは、ブリュッセルに住むP夫人宅に食事に招かれたことがある。夫人は、P神父（現在、日本で宣教している）のお姉さんで、小学校の先生である。そのP夫人の話によると、夏のヴァカンス（休暇）は二カ月あって、ヴァカンスの間、月給は五割増しになる。そこで、スペインに行って、のんびりヴァカンスを楽しむ由。休暇になると月給が五割増しになるとは、初耳だった。ご馳走をよばれながら、わたくしは、日本と大違いだな、と思ったことである。ところで、これは、学校の先生だけの話か。それとも、公務員すべての話か。矯正施設の職員も、同様の待遇を受けているのだろうか。はたまた、学校の先生についても、このようなうまい話は、もうなくなったのか。こんどベルギーを訪れる折には、矯正局長にこんなことを尋ねてみようと思っている。

（判例時報一一一〇号、一九八四年）

19　ベルギーの刑法事情

＊近代行刑の歴史に卓越した地位を占めるゲント刑務所の内部は、明るくてモダン▼良心的兵役拒否者は、尊敬すべき受刑者

一　ゲント刑務所参観

一九八五年一〇月二三日、わたくしは、パリからブリュッセルに行った。ブリュッセルは、ベルギーの首都というより、EC（ヨーロッパ共同体）本部のある都市として、今やヨーロッパの首都ともいわれている。EC［一九九三年からEU］の拡大、すなわち、一九八六年一月からスペインとポルトガルの加盟によって、EC本部の増築、EC本部職員とその家族の増加がもたらされ、ブリュッセルの占める地位は、さらに重要なものとなりつつある。

翌二四日、司法省矯正局の二人の係官とともにゲント（Gent）刑務所を参観した。ゲントは、オランダ語の名前であり、フランス語では、ガン（Gand）という。ベルギーでは、フランス語とオランダ語が公用語とされ、ワロン（wallons）（フランス語を話す人びと）とフラマン（flamands）（オランダ語を話す人びと）とが絶えず拮抗している。ゲントは、ブリュッセルから西北約六〇キロの地点にある地方都市で、ここではオランダ語が話されている。地方都市といっても、控訴院が置かれており、全国に四つある国立大学のうち、名門ゲント大学がある。

わが国における行刑学の文献は、ガン監獄という名称の下にゲント刑務所のことを伝えている。それ

ゲント刑務所　1775年

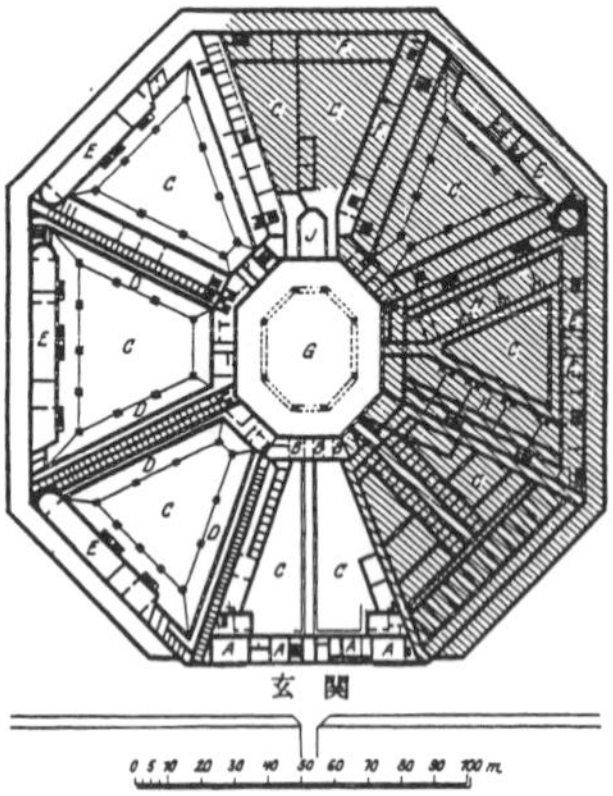

v.Hippelの刑法教科書
第１巻594頁から引用
C＝中庭　D＝舎房
E＝食堂，教室，工場

ゲント刑務所の玄関
(1775年新築当時のもの)

は、ゲント刑務所の建築と行刑制度が明治以降、わが国の行刑に大きな影響を及ぼしたからである。一六二七年、当時オーストリアのフランドル地方に属したゲントで、かの有名なアムステルダム懲治場を範として刑務所が建てられた。その刑務所は、一七七五年、ヴィラン (J.J.P. Vilain) 一四世子爵のイニシアティヴにもとづき、完全に新築された。

この刑務所は、興味ある八角形の構造のもので、夜間はすべての受刑者を厳格に分離し、昼間に工場で共同作業させる新しい理念を盛り込んだものであった。ゲント刑務所は、近代行刑の歴史に卓越した地位を占めるものであった。八角形の構造については、ヒッペル (v. Hippel) の刑法教科書第一巻五九四頁に図面が載っている。

ゲント刑務所(一八六二年に改築されたらしい)の建築と処遇方式は、その後、諸外国の模範となった。国内では、ルーヴァン (Louvain) 刑務所がゲントの例にならった(一八五九年竣工)。後から建てられる刑務所ほど良いものになるのは当然だが、そのルーヴァン刑務所を、明治の初期、日本政府の使節団が参観している。

一八七九年五月五日、ルーヴァン刑務所を訪れた使節団一行は、感嘆の声をあげている。当日の訪問者台帳には、「ルーヴァン刑務所！　これこそ、世界最良の刑務所である。これを範として、日本の刑務所を再建しよう。これを範とすることによって、日本の受刑者は幸せになるであろう。」と、フランス語で書かれてある。

実は、一九六五年、わたくしは、ゲント出身のV神父とともにゲント刑務所を訪れ、参観を乞うた。が、「司法省の許可がなければ、だめだ」と断られた。それから二〇年後、司法省矯正局の許可を得て、参観することができた。

外塀や正門は、一七七五年に建てられた当時のままの煉瓦造りで、黒ずんではいるが、二世紀を超える風雪に堪えて厳然として建っている。ところで、内部に入ると、すべてが新しく、明るく、モダンである。一九七四年から一二年の歳月をかけて、完全に新しく再建されたばかりである。二〇年前であれば、由緒ある刑務所を見ることができた訳だが、今は、最も近代的な、われわれにはぜいたくとも思える施設を見ることができる。

新しい施設は、放射状型となっている。被収容者の定員は、男子二五〇人、女子三〇人、計二八〇人、そのうち、八割が被告人・被疑者である被勾留者で、二割が受刑者である。被勾留者と受刑者は、処遇上、ほとんど区別されていない。居室は、すべて個室である。被勾留者と受刑者が分離(分隔、分界)されることはない。彼らは、体育館で一緒にスポーツをすることができるし、日曜日には、講堂で一緒に映画を見ることができる。

女子は、女区に起居するが、講堂で男子と一緒に映画を見ることができる。女区には、台所があって、被収容者は、自由にこれを使用することができる。女区の居房は、色彩ゆたかである。

施設で処遇上の差があるのは、危険な被収容者と危険でない者との分類にもとづくものだけである。危険でない者は、夕方、共同の娯楽室にやってきて、ここで自由に公衆電話で外部に電話することができる。被勾留者も自由に電話することができるというのだから、驚かざるをえない。

職員は、事務部門で三〇人、行刑部門で一三〇人、常勤医師一人という陣容である。どう考えても、職員構成においても、物的設備においても、この施設は、日本のそれに比べてぜいたくすぎる。これが、経済的不況のため失業率が一〇％を超えていると嘆くベルギーの刑事施設の状況である。

もう一つ驚いたことがある。所長が三〇センチ角ほどの色紙をもって来た。見ると、日本語とオランダ語で、「日本の広島大学の森下忠教授がゲント刑務所を訪問されたことは、近代化されたこの刑務所が国際的注目をあびたことを物語る」と書いてある。尋ねてみると、ゲント大学に日本学の講座があって、ベルギー人の教授がおり、彼がこの色紙を書いたとのこと。その教授は、日本を訪れたことはないが、独学で日本語を勉強した由である。

わたくしたちは、この色紙にサインした。所長は、「この色紙を図書室の壁に掛けて末長く保存します」と言った。刑務所の人たちにとっては、はるばる日本からヒロシマの刑法教授が参観に来たことがうれしい様子であった。

ベルギーでは、ニヴェル（Nivelles）少年刑務所とデンデルモンド（Dendermonde）刑務所も参観した。が、必見の価値のあるのは、ゲント刑務所である。

二　良心的兵役拒否者

ベルギーの刑務所には、一九八五年九月七日現在、一五七人の良心的兵役拒否者（objecteurs de conscience）が服役していた（司法省提供の資料による）。そのうち、一三三人は、軍刑法二八条の罪（兵役拒否の罪）のみによって刑の言渡しを受けた者であり、残りの二四人は、軍刑法二八条違反の罪および他の罪を理由として刑の言渡しを受けた者である。

右の一三三人中、九〇人は、キリスト教の一宗派と称するエホヴァの証人派（témoins de Jéhovah）の信者である。「エホヴァの証人派」のことは、一九八四年六月、わが国でも交通事故に遭った子どもに輸血手術することを親が拒んだため子どもが出血多量で死んだ事件（神奈川県の聖マリアンナ医科大学病院事件）を契機として、世人の関心を呼ぶに至った。

エホヴァの証人派は、一八七四年に米国で創立された（現在、信者は、世界中で約二八〇万人）。彼らは、聖書は神（エホヴァ）の言葉であり、しかも、自分たちはアベルからイエススに至る連綿たる証人（témoins）の最後の代表者である、と信じている。

彼らは、宗教的理由にもとづいて兵役を拒否し、その根拠を聖書の中に見いだす。すなわち、「なんじ、殺すなかれ」（天主の十戒の第五）、「人は、二人の主人に仕えることができない」（マタイ六の24）、「チェザル（皇帝）のものはチェザルに、神のものは神に返せ」（マルコ一二の17）などの文言をその根拠としている。

良心的兵役拒否者は、絶対的拒否者と制限的拒否者とに分けられる。絶対的拒否とは、非戦闘部門の兵役を含むすべての兵役に服することを拒否するものである。これに対し、衛生兵その他非武装の兵役に服することは承諾するが、戦闘部門の兵役に服することを拒否するのが、制限的兵役拒否である。

ベルギーでは、一九六四年六月三日、「良心的兵役拒否者の地位に関する法律」が制定され、同年六月二九日から施行された。（拙稿「ベルギーの兵役拒否法」法学セミナー一一九号、一九六六年二月）。

エホヴァの証人派の信者は、絶対的に兵役を拒否する。良心的兵役拒否法によれば、絶対的拒否者は、民間救護隊（災害時の救護活動をする民間の機関）に一定の期間（兵役期間プラス一年）配属される。だが、エホヴァの証人派の信者は、良心的兵役拒否者の地位を認められることを欲せず、徴兵検査を受けることをも拒否する。軍隊に入って軍旗に敬礼することも、民間救護隊に配属されることも、「二人の主人に仕えることはできない」という聖書の教えに背くことになる、と考えるからである。徴兵拒否をすれば、軍刑法によって罰せられる。それは、彼らにとっては覚悟の上である。エホヴァの証人派の信者は、たいてい、貧しい家庭の者で、清貧に甘んじ、強い信仰に生きている人たちである。彼らは、殉教者のごとき態度をもって刑に服している。

わたくしは、ベルギーの刑務所で刑に服している兵役拒否者たちを見たことがある。彼らは、所内の開放寮に収容され、昼間は作業に従事していた。開放寮では、職員の監視を受けない。土曜と日曜、彼らは、外出することができる。刑務所の職員は、「彼らは、尊敬すべき人だ」と語った。この言葉は、わたくしに深い感銘を与えた。

ところで、先ほど述べたように、一三三人の兵役拒否受刑者のうち、九〇人がエホヴァの証人派の信者である。すると、四三人は、証人派の信者以外の者ということになる。それら四三人が、どのような宗教的、哲学的または道徳的理由により兵役拒否をしているかは、未確認である。

ベルギーでは、一九六四年六月三日法に代わって、一九八〇年二月二〇日の「良心的兵役拒否者の地位に関する法律」(Lois portant le statut des objecteurs de conscience, coordonnées le 20 février 1980) が制定された。この法律は、良心的兵役拒否者に関する諸法律を整備統合したもののようである。

同法一条によれば、国防または集団的防衛のためであれ、人を殺すことはできないという確信をいだいている軍人は、武装軍務またはその他の軍務を免除されること、および非武装軍務をも免除される場合には民間救護隊または公益労働（社会奉仕作業）に参加することを内務大臣に申請することができる。これが一定の審査を経て認められれば、刑事罰を免れる訳である。

しかし、徴兵検査を受けない者や代替民間業務 (service civil) に服することをも拒否する者は、刑事罰を免れることはできない。彼らは、それを充分承知の上で、自己の良心に従って行動し、黙々として刑に服しているのである。その徹底した態度には、敬服せざるをえない。

（判例時報一一九六号、一九八六年）

20　ベルギーのマネー・ロンダリング罪

＊「ヨーロッパの十字路」と呼ばれ、刑事政策の先進国と呼ばれるベルギーが、マネロン規制の面でも注目すべき立法をした

一　没収対象物の範囲の拡大

ベルギー（人口、約一、〇〇〇万人）は、いま、大きく変身をとげつつある。一九九二年末のＥＣ（ヨーロッパ共同体）市場統合や、それに続く政治と通貨の統合をにらんで、ベルギーは、新たな発展を目ざしている。首都ブリュッセル（人口、約一〇〇万人）は、ＥＣ本部とＮＡＴＯ（北大西洋条約機構）本部があるので、「ヨーロッパの首都」と呼ばれている。

ブリュッセルでは、いわゆる「ＥＣ村」に高層ビルが建ち、都市は大改造中だ。かつて一九六四年、わたくしが初めて訪れたころのブリュッセルは、古世の面影をとどめる静かな都市であった。それが、いま、大統合の進むＥＣの委員会本部や関係機関などの建物の新増改築と相まって、文字どおり「ヨーロッパの首都」にふさわしい近代都市になりつつある。

さて、ベルギーでは、一九九〇年七月一七日法律（以下「九〇年法」という）で、刑法四二条、四三条および五〇五条が改正され、四三条の二が追加された。このうち、五〇五条は、いわゆるマネー・ロンダリング罪を定める規定であり、他は、没収に関する規定である。

ここで「マネー・ロンダリング」と言ったのは、わが国ではその方が分かりやすいと思ったからであ

る。フランス語では、"blanchiment"（白くすること、洗濯の意）または"blanchiment d'argent"（資金洗浄）、"blanchiment de produits"（収益洗浄）という言葉が用いられている。

九〇年法の説明は、没収に関する規定から始めるのが、好都合である。刑法の没収規定は、九〇年法による追加によって次のようになった。

第四二条〔没収の対象物〕

特別没収は、次に掲げる物に適用される。

一　犯罪行為を組成した物及び犯罪行為の用に供し又は供しようとした物。ただし、その物が犯人の所有に属するときに限る。

二　犯罪行為から得た物

三　犯罪行為から直接得た財産的利益、それに代替する財産及び価値並びにこれらの収益を投資して得た収益（九〇年法により本号追加）

第四三条〔必要的没収〕

1　特別没収は、重罪又は軽罪につきつねに言い渡す。

2　特別没収は、違警罪についてては法律に特別の規定がある場合に限り言い渡すことができる。

第四三条の二〔財産的利益の没収〕

1　第四二条第三号に記載する物に適用される特別没収は、つねに言い渡すことができる。

2　これらの物を犯人の財産の中に見い出すことができないときは、裁判所は、その金額的評価を行い、それに相当する金額を没収する。(1)

3　没収された物が私訴原告人の所有に属するときは、その物は、その者に返還される。没収された物が犯人により私訴原告人に属する物に代替された財産若しくは価値を構成するとの理由により、又はそれが本条第二項に記載する物の等価物を構成するとの理由により裁判所が没収を言い渡したときは、その物は、私訴原告人に帰属する。

4　没収された物につき権利を主張する第三者は、国王の定めるところに従ってその権利を請求することができる。（九〇年法により本条追加）

このように、九〇年法は、没収刑の適用範囲を拡大した。伝統的な没収対象物（四二条一号・二号）に限らず、すべての犯罪行為から直接に得られた財産的利益（avantages patrimoniaux）——動産であると不動産であるとを問わない——、その代替財産およびそれに由来する利益（たとえば、銀行利息）も、没収の対象とされる。犯罪の種類いかんを問わない（すなわち、薬物犯罪に限らない）こと、さらに純益に限定されないことも、注目すべきである。ただし、四二条三号に記載する物については、没収は裁量的とされている。立法者の意図は、重大犯罪の場合または程度以上多額な収益の場合に没収することを裁判所の判断に委ねるつもりであったようである。

学説の中には、財産的利益に対する没収の適用範囲をなんらかの客観的基準により限定することが望ましい、と説くものがある。財産的利益の没収規定は、次に述べるマネー・ロンダリング罪の新設に対応して設けられたものである。それゆえ、両者を対比して考察することが大切である。

（1）　ここにいう没収は、わが国の追徴に当たるであろう。

二　マネー・ロンダリング罪

刑法旧五〇五条は、盗品等収受(recel)の規定であった。しかし、盗品等収受罪の規定でもってマネー・ロンダリングの全部を罰することはできないので、九〇年法は、次のように同条を改めた。

第五〇五条〔マネー・ロンダリング罪〕

1　次の各号のいずれかに該当する者は、十五日以上五年以下の懲役及び二十六フラン以上(一フランは、約四円)十万フラン以下の罰金又はこれらの刑の一方のみに処する。

一　奪取し、横領し、又は重罪若しくは軽罪によって取得した物の全部又は一部を収受した者

二　第四二条第三号に記載する物を購入し、交換により若しくは無償で受け取り、所有し、所持し、又は管理した者。ただし、それらの物の出所を知っていたとき、又は知っていたはずであるときに限る。

2　本条第一項及び第二項に記載する物は、第四二条第一号の意味においては、本条第一項及び第二項に定める罪の客体を構成し、かつ、それが犯人の所有に属しないときでも没収される。ただし、この没収は、没収の対象物となることのある財産に係る第三者の権利を害しない。

3　本条の規定により処罰される者は、第一三条の規定に従い、権利制限(interdiction)に処することができる。

この規定によれば、一項一号は従前の盗品等収受罪を規定し、二号がいわゆるロンダリング罪を規定したものである。

ロンダリング罪の構成要件は、次の二つから成る。

(1) 客観面では、刑法四二条三号に記載する財産的利益（avantages patrimoniaux）を購入、受領、所有、所持または管理すること。

(2) 主観面では、財産的利益の不法な出所を知っていたこと、または知っていたはずである（devaient en connaître l'origine）こと。

ここでまず注意すべきは、行為の客体をなす「財産的利益」が（薬物の不正取引に限られることなく）すべての犯罪から由来するすべての財産的利益である（それゆえ、金銭に限らない）ことである。この点で、刑法五〇五条は、一九九〇年一一月八日のマネロン条約（本書**5**参照）六条（ロンダリング罪）の趣旨に沿った国内立法であるように見える。

次に問題になるのは、不法な「出所を知っていたはずである」という文言の解釈である。これは、少なくとも未必的知情を意味するであろう。だが、それのみならず過失の場合も、これに含まれるであろうか。「ベルギー法におけるマネー・ロンダリング罪」と題するヤキアン弁護士の論文[2]には、この点につき明確な論及がなされていない。そこで、わたくしは、手紙で同氏にこの点を尋ねた。今年五月二一日付けの彼の返信によれば、「すべての場合において過失で足りると解する」ということである。なぜなら、未必の故意が要求されるとすると、裁判官の（事実認定の）任務を非常に複雑なものにし、その結果、立法者の一般意思に合致しないこととなるであろうからである。立法者は、主観的要素の判断につき「やわらかな接近〔アプローチ〕の原則」（principe d'une approche souple）を採用することを望んだのである。

刑法五〇五条における「出所を知っていたはずである」という要件は、文言の上では、「過失によって出所を知らなかった」とは同じでないように見えるが、立法者は、改正作業において過失の場合も含む旨を明文で規定することは賢明でない、と考えたようである。

ところで、刑法五〇五条については、行為の客体がすべての犯罪から由来するすべての財産的利益とされているため、同条の適用範囲が驚くほど広いことが指摘されている。たとえば、(a)急に高い生活水準になった者とか疑わしい資力をもつお客に商品を販売する者、(b)雇用主が社会法とか財政法に違反していることを知りながら、その雇用主から俸給を受け取る従業員、(c)企業法規に違反した配当金を受け取る株主、(d)金員領得または脱税のかどで訴追されている者から報酬を受け取る弁護士の場合が、それである。

前述のアキアン弁護士は、これらの場合にも五〇五条で罰せられる可能性があるとして、同条の適用を制限するために法的制限を設けることが望ましい、と論じている。そうでなければ、弁護人が刑法五〇五条に触れるおそれがあることを理由にして弁護を拒否する事態が生じ、その結果、ヨーロッパ人権条約六条三項C号〔防御権の保障〕に反することともなるからである。

この所論には、ややオーバーではないかと思われるふしがある。たとえば、(b)の従業員の場合には生活権の問題があるからである。被訴追者の防御権は保障されなければならないが、さりとて組織犯罪集団から顧問料を受け取る者については、没収規定を適用してもよいのではないか。上納金のような制度があるとすれば、その場合にも同様である。たしかに、刑法五〇五条は、国際的に現存するロンダリング罪の規定に比べて広い適用範囲をもっている。同じことは、マネロン条約六条（ロンダリング罪）についても当てはまる。広すぎる適用範囲をもつ規定に対して、これを合理的・客観的に制限する基準を明文をもって設けることは、立法技術的にむずかしい。

一つの解決策としては、一定以上の重さの刑にあたる罪に限定するとか、罪種を限定することが考えられる。すでに、この方向に沿った立法例も見受けられる。

（2） Jakhian, L'infraction de blanchiment et la peine de confiscation en droit belge, RDPC, vol. 72, 1991, p. 765 et s.

（判例時報一四三二号、一九九二年）

〔追記〕 一九九三年、ＥＣはＥＵ（欧州連合）として発足した。これにより、ＥＵの本部が置かれているブリュッセルは、統合の進む大ヨーロッパの首都といわれるようになった。

21　ルクセンブルク大公国

＊　小さいが豊かな国。夢のパラダイスのような国。▼「ヨーロッパ学校」のある国▼ＥＣ（ヨーロッパ共同体）裁判所のある国

一　ルクセンブルグという国

ルクセンブルグ大公国――フランス語では、リュクサンブール大公国（Grand-Duché de Luxembourg）という――は、わが国にはなじみが薄い国のようである。

一九八四年の夏ごろ、ＮＨＫの教育テレビのフランス語講座の時間に、清水康子先生がルクセンブルグ大公国の紹介をしておられた。その番組にゲストとしてルクセンブルグ人のご夫婦と三人のお子さんが出られたが、この五人が「日本に居住するルクセンブルグ国民の半分」だそうである。

ルクセンブルグは、中部ヨーロッパにある立憲君主国。ドイツ、ベルギーおよびオランダに囲まれた交通の要衝ともいうべき地点にある。面積は、二五八六平方キロで、神奈川県よりやや広い程度。そこに、約三六万人（二〇〇二年現在、四四万人）の国民が住んでいる。

ルクセンブルグ国は、東西両勢力の交錯する地点に位置するため、その政治的帰属には幾変遷があった。その興亡の歴史を述べることは容易ではない。ウィーン会議（一八一四―一五年）の結果、外国支配が終わり、一八一五年に大公国となり、一八三九年に独立を遂げた後も、なお変遷があったのだ。

さて、わたくしがルクセンブルグを訪れたのは、一九八一年秋のこと。フランスのストラスブールに

滞在して、ヨーロッパ評議会（Council of Europe, Conseil de l'Europe）を訪問して、一日余裕ができた。そこで、急に思い立って、汽車で首都ルクセンブルグ市を訪れた。ルクセンブルグ国は、ベネルックス三国の一であることから察せられるように、ベルギーおよびオランダと緊密な関係にあり、いくつものベネルックス条約によって「ベネルックスは一つ」ともいうべき共同体を形成している。刑事に関するベネルックス条約を理解するためにも、一度、ルクセンブルグを訪れておこう、と考えたのである。

ルクセンブルグ駅に着いて、駅の両替所で両替をすると、ルクセンブルグ・フランとベルギー・フランとを混ぜて出してくれた。話には聞いていたが、やはり驚きである。ベルギーとルクセンブルグ国は、協定により両国の通貨であるフランをつねに同価値に維持し、相互に相手国の通貨の通用を認めている。それゆえ、ベルギー・フランを持っておれば、ルクセンブルグに来ても両替をする必要はなく、そのまま同価値の通貨として使用することができる。

駅で新聞を買って見ると、なんと、一つの新聞が、ドイツ語、英語、フランス語の三カ国語で書かれている。たとえば、政治の記事はドイツ語で、社会面はフランス語で、スポーツ面は英語で、という具合である。

大公国の公用語は、ドイツ語とフランス語である。住民は、ドイツ系で、主にチュートン系のルクセンブルグ語を使用する。街で中学生や高校生がしゃべっている言葉に聞き耳を立ててみたが、サッパリわからない。言葉のひびきからすれば、ドイツ語に近い。これが、ルクセンブルグ語であろう。彼らは、ルクセンブルグ語のほかに、公用語であるドイツ語とフランス語を話し、そして恐らく英語を話すであろう。中部ヨーロッパの一つの十字路ともいうべき地点に位置する国の国民は、自然に国際人として育ち、活躍するのであろう。

駅から日本大使館のあたりまで、ぶらぶら歩いた。首都ルクセンブルグ市（人口約八万）は、静かで、美しい街だ。まるで夢のパラダイス（楽園）のようだ。経済的に豊かなこの大公国の国民は、ゆったりとした家に住み、自然を大切にし、芸術を愛し、平和な生活を楽しんでいる。

二　ヨーロッパ学校

ルクセンブルグ市に「ヨーロッパ学校」（École européenne, European school, Europäische Schule）と呼ばれる学校がある。一九五三年一〇月、EC（ヨーロッパ共同体）職員のグループによる提唱によって、異なる国語、異なる国籍の子どもたちを一つの学校に集めて教育しようという一つの実験の成果として、ここルクセンブルグ市に「ヨーロッパ学校」が、最初に設立された。

最初の案は、幼稚園と小学校だけを対象としたものであったが、中等教育（わが国の中学・高校教育にあたる）にまで規模が拡大された。

ヨーロッパ学校には、ベルギー、フランス、ドイツ、イタリア、ルクセンブルグ、オランダをはじめ、「統合された一つのヨーロッパ」（une Europe unie, a united Europe, eine geeinte Europa）の形成に関係するその他の諸国の、義務教育就学年齢から大学入学時までの子どもが集められる。

ヨーロッパ学校の課程は、小学校五年、中学＝高校（école secondaire）七年の計一二年から成る。幼稚園は、満四歳から、小学校は、六歳で入学する。ただし、五歳一一カ月の子どもでも、親の申し出があり、かつ、成熟度のテストに合格すれば、小学校に入学が許される。

小学校では、母国語で授業を受けるが、一年生の時から「語学II」の授業が行われる。ここで母国語というのは、一九五七年四月一二日にルクセンブルグ市で締結された「ヨーロッパ学校協定」(Statut de l'Ecole européenne, The Statute of the European School) の六つの締約国(すなわち、ベルギー、ドイツ、フランス、イタリア、ルクセンブルグ、オランダ) および四つの加入国(デンマーク、ギリシア、アイルランド、英国)の公用語、すなわち、デンマーク語、ドイツ語、英語、ギリシア語、フランス語、イタリア語およびオランダ語の七つを意味する。

中等教育では、必須科目として「語学II、III」があるほか、選択科目として「語学IV」とギリシア語、ラテン語がある。

子どもたちは、音楽、美術、スポーツ、課外活動では、一緒に授業を受けたり、遊んだりしているようである。そのことによって、言葉、国籍、文化の違いを超えて、統合された一つのヨーロッパ人として成長するのであろう。

七つの言葉の中では、「一番良く通用している言葉」(langue véhiculaire, working language, Ergänzungs-sprachen) といわれる英語、フランス語およびドイツ語の三つが有力のようであって、共通の授業では、この三カ国語が用いられている。

ヨーロッパ学校を卒業すると、ヨーロッパ大学入学資格(baccalauréat européen, European baccalaureate)が得られる(一九五七年七月一五日に締結された付属条約による)。ルクセンブルグ国には、大学の一般教科課程(一年コース)はあるらしいが、大学と名の付くものはない。人口三六万ほどの国でちゃちな大学を創設するよりも、諸外国の権威ある大学に入学して勉強せよ、という考えによるとか。

「ヨーロッパ学校」は、その後、ベルギーに三つ（ブリュッセルに二つ、Mol/Geelに一つ）、イタリア（Varese）、オランダ（Bergen）、英国（Culham）に各一つ、ドイツに二つ（Karlsruhe, München）設けられて、合計九つとなった。

ルクセンブルグ市にあるヨーロッパ学校の前をバスで通った。この学校前の停留所から、子どもたちがバスに乗ってきた。どの子も、のびのびとして明るく、無邪気であった。ヨーロッパ学校の卒業生の中から二一世紀に活躍する国際人が出るであろうことを思って、わたくしは、これらの子どもたちを見つめていた。

三　ヨーロッパ共同体裁判所

ルクセンブルグ国の国旗は、横に赤・白・青の三色旗である。これは、フランスの国旗がたてに青・白・赤の三色であるのに、よく似ている。三色旗は、フランスの国旗にならって世界にはかなり見られるのであるが、ルクセンブルグのそれは、たてと横、色の順序が異なるだけで、三つの色自体は、フランスの国旗と同じである。このことからも察せられるように、ルクセンブルグの法制は、フランス法の影響下にあるように見える。それは、同国がかつてナポレオン帝制下のフランス領とされていたことと関係があるであろう。

ナポレオン帝制の没落後、ルクセンブルグは、フランスの支配を離れた。が、ナポレオン法制は、ルクセンブルグで基本的に維持された。刑法についていえば、一八一〇年のフランス刑法典が基本的に維持されたのであるが、一八一四年以降、その厳格さを緩和するいくつもの修正がほどこされた。特別減軽事情により刑を減軽する権限を裁判官に与えたこと、財産の一般没収(全部没収)を廃止したことなどが、それである。一八六八年の憲法は、焼印押し(焼きごてで印を押す身体刑)、追放、政治犯に対する死刑を廃止した。

一八七九年六月一八日、新しい刑法典が公布された。これが、現行のルクセンブルグ刑法典である。この刑法典は、一八六七年のベルギー刑法典に非常に近い。というのは、一八三〇年にベルギーが独立するや、ルクセンブルグはその統治下に入り、その後、第一次・第二次ロンドン会議の結果、国土の西半分がベルギーに割譲されたという歴史的事情や、経済的・社会的にもベルギーとの結び付きが強いことによるであろう。

もともと、ベルギー刑法は、フランス刑法の圧倒的影響下にあるので、ルクセンブルグ刑法もまた、フランス法の色彩の濃いものである。ルクセンブルグ刑事法の動きを伝える記事は、ベルギーの刑法雑誌(Revue de droit pênal et de criminologie)にしばしば載っている。

人口約三六万の小国とはいえ、ルクセンブルグは、経済的・文化的にレベルの高い国であるので、法制は整っている。平和な国でも犯罪はある。ルクセンブルグ市の地図を見ると、中央駅から遠からぬ所に刑務所がある。「大学が一つもなくても、刑務所はあるんだなぁ」と、わたくしは、不思議な感懐にひたったことである。

ルクセンブルグは、中立国である。つとに一八六七年、その永世中立化は、ヨーロッパ諸国の集団保障のもとに定められた。こうした歴史の背景があるためか、首都ルクセンブルグ市には、ヨーロッパ共同体裁判所(Cour de Justice des Communautés Européennes)が置かれている。

このEC裁判所は、ギリシアが一九八一年一月にECに加入して以来、各構成国政府によって六年の任期で任命される一一人の裁判官をもって構成される。五人の検察官（avocat général, Generalanwalt）も、裁判官と同様の方法で任命される。

EC裁判所は、ECの基礎となるパリ条約およびローマ条約の解釈と適用において法の尊重を確保することを任務としている。裁判所は、通常、大法廷（séance plénière）で審理する。定足数は七人であるが、つねに奇数の裁判官で審理する。小法廷（chambre）は、三人の裁判官で構成する三つの小法廷と五人の裁判官で構成する二つの小法廷とから成る。

在ルクセンブルグの日本大使館の好意で、この裁判所を訪問する面会予約を取ってもらったのだが、ストラスブールに帰る列車の時間の関係で、残念ながら、訪問することができなかった。次の渡欧の機会を待つことにしよう。

（判例時報一一三八号、一九八五年）

22 イタリアの司法精神病院

＊ イタリア保安処分の実情▼措置入院の制度が現存する▼こちらの施設もテロに対して厳戒態勢をとっている

一 司法精神病院の現状

イタリアから一通の書留手紙が届いた。一九八四年四月下旬のこと。差出人は、なつかしや、モンテルーポ・フィオレンティーノ（Montelupo Fiorentino）の司法精神病院（O・P・G）の院長ファルキ（Romano Falchi）博士である。手紙の日付けは、一九八四年四月一一日となっている。

手紙の内容は、わたくしが前年八月一一日付けでかの司法精神病院の被収容者の数を問い合わせたことの返事である。前年六月、わたくしは、この司法精神病院を参観した。その様子は、『刑法の旅1』*15*「モンテルーポのOPG」に書いたとおりであるが、正確を期したいと思って院長に問合せの手紙を出したのである。

院長の手紙には、「あなたの問合せに係る数字をお知らせする許可を司法省から得るのに日数を要したので、返事が遅くなって申訳ない」と書いてある。恐れ入ったものである。一体、被収容者の数を知らせるのに一々司法省の許可を得なければならぬものであろうか。

イタリアは、テロに対して最大級の警戒をしている。刑務所や司法精神病院が外部からのテロ攻撃に備えて、常時、厳戒態勢をしいているのは、そのためである。内部のくわしい様子を外部に知らせないようにしているのも、同じ態度の現れであろう。それにしても、許可を得るのに八カ月もかかるとは、なんたる漫々的であろうか。イタリアでは、自動車の運転免許を取っても、免許証の交付を受けるのは、一年ぐらい先のことになるそうである。それなのに、カネを出せば、偽造の運転免許証は、簡単に手に入るとか。

さて、ファルキ院長の回答は、次のとおりである。

（1）心神耗弱（semi-infermità）（刑法八九条）に因る被収容者はいない。

（2）保安処分の仮適用（刑法二〇六条）による被収容者は、現在、一三人いる。

（3）現在、一九八人いる被収容者の内訳は、次のとおり。

刑法二〇六条にもとづく被収容者……一三人
精神鑑定（perizia）中の者……一二人
精神医学的観察中の者……一二人
刑法二二二条にもとづく被収容者……一四七人
刑法一四八条にもとづく被収容者……一一人
刑訴八八条にもとづく被収容者……三人

ここで、「精神鑑定」というのは、正規の精神鑑定のことであって、裁判所から鑑定人を命ぜられた外部の精神科医（多くの場合、大学教授）が鑑定を行う。これに対し、精神医学的観察（osservazione psichiatrica）というのは、司法精神病院の医師によって行われる観察を意味する。

刑法二二二条にもとづく被収容者とは、心神喪失に因り無罪とされ、保安処分として司法精神病院に収容された者を意味する。刑法一四八条にもとづく被収容者とは、受刑中に精神病が突発した場合に、

向かって右からフロージニ教授，著者の妻，フロジーニ夫人，著者

裁判官によって司法精神病院への収容を命ぜられた者をいう。刑訴八八条にもとづく被収容者とは、被告人に精神病が突発した場合に、裁判官によって司法精神病院への収容を命ぜられた者をいう。鑑定が命ぜられることもある。

ところで、イタリア全体では、最近、保安処分施設にどれくらいの被収容者がいるか。

一九八四年四月、ローマ大学教授であって、最高司法職会議のメンバーであるフロジーニ（Vittorio Frosini）博士が、国際会議に出席するため来日した。博士は、七年前に来日し、一カ月滞在されたことがある。そのフロジーニ博士にお願いしていたところ、その年二月現在におけるイタリア全国の統計を持参してくださった。

それによると、全国に六つある司法精神病院の被収容者の数は、一、六八一人であって、その内訳は、次のとおり。

刑法二二二条にもとづく者……………………………………一、一七五人
保安処分を仮適用された者……………………………………九一人
治療看護所（刑法二一一条）への被収容者……………………六二人
刑法一四八条にもとづく被収容者……………………………二六人
精神病が突発した者……………………………………………六二人
精神医学的観察に付されている者……………………………九一人
精神鑑定に付されている者……………………………………一一六人
精神的欠陥者……………………………………………………五一人
作業のために収容されている健康な犯罪者…………………七人

イタリア刑法は、拘禁的保安処分として、司法精神病院への収容（二二二条）と治療看護所への収容（二一九条）のほか、農業コロニー（colonia agricola）または労働所（casa di lavoro）への収容（二一六条）を規定している。

これが、どの程度、言い渡されているか。フロジーニ博士に尋ねたところ、帰国後、その回答が来た。それによると、一九八一年には、農業コロニーに八六人、労働所に二、八一四人収容されたが、一九八三年には、この数字は、それぞれ七九六人と三、九六一人となった。驚くべき増加であるが、「その理由は、わからない」と書かれてある。この数字が、上記の年における新被収容者なのか、一日平均の被収容者数なのか、はっきりしない。恐らく前者であろう。

二　措置入院のことなど

一九八四年五月一〇日付けの朝日新聞の「論壇」に精神科医の青木薫久氏が、「強制入院制限は世界の流れ」と題する一文を寄せている。その中に、外国では、社会治安上の理由からの強制入院治療（日本の措置入院が、これに相当する）を制限・廃止の動向が強まっているとして、「イタリアはこれを廃止」した、と書かれてある。しかし、イタリアが措置入院制度を廃止したとは、信じがたいことである。

イタリアで措置入院に関する法律は、一九七八年五月一三日法律一八〇号（Legge 1978, no. 180. Accertamenti e trattamenti sanitari volontari e obbligatori）および同年一二月二三日法律八三三号（Legge 1978, no. 833. Legge istitutiva del servizio sanitario nazionale）、特に後者である。一九七八年法律八三三号「国立衛生機関の創設に関する法律」三三条から三五条までは、精神病に因り入院治療を必要とする者に対する義務的治療（trattamenti sanitari obbligatori）――わが国の措置入院にあたる制度――を規定している。

イタリアの措置入院は、一人の医師の申し出にもとづいて市町村長が命じ、その有効性を後見裁判官（giudice tutelare）が確認するという制度になっている（一九七八年法律八三三号三四条・三五条）。

フロジーニ博士は、わたくしの依頼に応じて、「イタリアにおける精神障害者に対する保安処分」と題する論文を持参してくださった。この論文（その森下訳は、『ジュリスト』八二二号〔一九八四年〕に掲載）には、措置入院について、おおよそ次の趣旨が述べられている。

〝措置入院専用の公立病院を設けることは、一九七八年法律八三三号によって廃止された。というのは、隔離した場所に入院させることは、文明社会から全く隔離することになって望ましくないからである。この廃止によって、措置入院患者は、一般の精神病院に入れられるようになった。しかし、以来、このやり方が良いかどうかをめぐって、議論が続けられた。一般の精神病患者と罪を犯した精神障害者とを同一の病院で治療することは、無視することのできない問題をかかえている。一部の精神科医の間では、罪を犯した精神障害者を普通の精神病院または家庭で治療せよ、という意見があった。が、その結果は、否定的であった。結局、三年後、特別の精神病院を再開することが決定された〟。

措置入院制度それ自体が廃止されたのではない。念のため、在ローマ日本大使館を通してイタリア厚生省に照会してもらったところ、措置入院の制度を規定した一九七八年法律八三三号は、今も施行されている。このようにして、青木氏がいい加減なことを述べていることが判明した。

フロジーニ博士と語った中でわたくしが最も興味をいだいたことが、二つある。

一つは、イタリアに司法精神病院が六つしかないので、被収容者は家族から遠く離れる場合が多く、面会などの点で不便があることを、博士が強調したことである。イタリアの面積は、日本の約八二%で、人口は約半分である。博士の考えでは、一つの施設の収容能力は二五〇人ぐらいが望ましい。これによると、少なくともあと二つの司法精神病院を建設すべき計算になる。それは、国の財政事情からしても容易なことではあるまい。

それにしても、大きな二つの施設（Barcelona pozzo di GottoとCastiglione delle Stiviere）がいずれも辺地にあるのは、なぜだろうか。医師の確保その他の点でも、都市の近くが好都合ではないだろうか。この点をフロジーニ博士に尋ねてみたところ、もっぱら安全確保のためである、という返事であった。

もう一つは、テロ対策が効果をあげており、テロ活動はやがて沈静化に向かうであろう、と博士が語った点である。その理由をくわしく伺う時間がなかったが、基本的には、政府の毅然たるテロ対策が滲透したことに見いだされるであろう。事実、刑法、刑訴法および行刑法におけるテロ対策を目的とした一連の法改正は、一応終わったように見える。

相次ぐ法律の一部改正は、当局側に大きな権限を与えた。法執行の任務を負う当局は、その権限をフルに行使してテロに対決する姿勢を示した。その実情は、日本ではとうてい理解されないであろう。

最近における注目すべきテロ対策立法として挙げられるのは、一九八二年五月二九日法律三〇四号の、いわゆる悔悟者法（la c.d. legge sui "pentiti"）（一三カ条から成る）である。この法律は、要するに、テロ犯罪に参加した者が早い段階で自首すれば必要的に刑を免除し、また、実行に着手した後に自白すれば必要的に刑を減軽し、さらに、受刑者については、悔悟者（改悛者、転向者ともいう）について刑の条件付き執行停止または仮釈放を許すことができることを規定したものである。

ここで悔悟者（pentiti）とは、テロ行為、憲法秩序の破壊、刑法二七〇条（破壊的結社）、二七〇条の二（テロ行為又は民主的秩序破壊を目的とする結社）、三〇四条（共謀による政治上の陰謀）、三〇五条（結社による政治上の陰謀）および三〇六条（武装集団、結成、加入）の罪に加わった犯人が、罪を悔悟して自首し、集団から脱退する者をいう。

この法律が施行されてから、かなりの悔悟者が出たといわれる。捜査当局は、悔悟者の自供にもとづいてテロ組織の壊滅作戦を展開したであろう。壊滅は無理としてもかなりの打撃を与えたことは予想される。だが、テロ組織からすると、悔悟者は、裏切り者を意味する。「裏切り者には、必ず報復する」というのが、テロ仲間の掟である。報復は、死を意味する。そこで、悔悟者は、「生命・身体の安全を確保してください」と必死で当局に訴える。行刑当局にとっても警察にとっても、悔悟者の身の安全確保に全力を注ぐべき、新たな職務が生じた。

イタリアにおけるテロとの闘いは、まだまだこれからも長く続くのではなかろうか。

（判例時報一一一九号、一九八四年）

23 イタリアのマフィアとカモッラ

＊暗黒街の帝王マフィアの誕生地、シチリア島の物語▼ナポリ監獄から生まれ、育ったカモッラの素顔と特色をさぐる

一 悪い奴ほどよく眠る

「悪い奴ほどよく眠る」と題するイタリア映画が、戦後、わが国で上映された。舞台は、シチリア(Sicilia)島（日本では、普通、シシリー島と呼ばれている）である。紺碧の空と海に映える歴史の島、シチリア島は、人も知るマフィア(mafia)の根拠地である。そこにくり広げられる無法の秘密暴力組織「マフィア」の陰謀と策略は、映画とはいえ、われわれをして、「事実もまた、かくのごときか！」と、うならせるものをもっていた。

「悪い奴ほどよく眠る」というのは、イタリア語の題名の直訳か、それとも意訳かは知らないが、ズバリ、的を射た題名である。ここで「よく眠る」とは、手下に指令を下して殺人をやらせた親分は、警察から追及を受けることもなく、また、手下が殺されても、ケロリとして、いつものようにカネをかせぎ、結構な生活をしている、という意味である。

シチリア島に根拠をもつマフィアは、「こんな島は狭すぎる」とばかり、活躍の天地を求めて北米大陸に渡り、ニューヨークの暗黒街の帝王となった。その様子の一端は、映画「ゴット・ファーザー」で、わが国でもよく知られている。

さて、イタリアで最も権威があるとされる『イタリア大百科辞典』(Dizionario Enciclopedico Italiano, 1970) によれば、「マフィア」(mafia) というのは、語源は不確かであるが、シチリアで生まれた言葉である。もともと、この言葉は、パレルモ (Palermo) (シチリアの州都) で、才幹、優越、勇気と進取の天賦の才を意味するものとして用いられた。その後、リゾット(G. Rizzotto)作の方言による劇《I Mafiosi della Vicaria, 1863》によって、《mafia》という言葉が広く用いられるようになった。

マフィアは、服従の掟と沈黙(omertà)の掟によって守られた組織犯罪者集団である。かつて、ムッソリーニによって弾圧されたものの、第二次大戦後、不死鳥のごとくよみがえった。

ところで、マフィアによく似た組織犯罪者集団として、カモッラ (camorra) と呼ばれるものがある。これは、一九世紀にブルボン王家支配下のナポリで生まれた犯罪秘密結社である。彼らも、仲間特有の掟をもち、それを破った者を裁く私設法廷をもっている。前記の百科大辞典によれば、カモッラには、各種の階級――あえて訳せば、「悪党見習」(garzone di mala vita)、「若衆」または「ちんぴら」(picciotto)、「半人前」(sgarro)、「カモリスタ」(camorrista) (一人前の組員) ――がある。

実は、わたくしは、最近までカモッラという言葉も、その存在も知らなかった。一九八三年六月一〇日、フィレンツェの西約二〇キロにあるモンテルーポ・フィオレンティーノ司法精神病院 (O. P. G. Montelupo Fiorentino) (保安処分施設)を参観した際、そこに来ていたサン・ジミニャーノ(S. Gimignano) 刑務所のドノフリオ (Luigi D'Onofrio) 所長から聞いたのが、初めてである。

この刑務所は、右の司法精神病院から一〇キロほど離れたところにある長期刑務所である。所長は、「サン・ジミニャーノ刑務所は、無期懲役、懲役三〇年、二〇年などの長期囚ばかり約二五〇人収容している。受刑者の中には、カモッラが多くいて、二派に分かれて、所内でも対立している。そのため、所内の秩序維持には大変な苦労をしている。ぜひ、見に来てください」と言った。(1)

その時、初めてカモッラ (camorra) という言葉を聞いたわけだが、所長の説明からすると、わが国の暴力団よりも強固な掟に守られている組織暴力集団のようである。そのカモッラは、シャバでは大きく対立する二派に系列化されており、その対立が刑務所内に持ち込まれているようである。

これら凶悪長期囚を収容する刑務所は、重戒護のようである。機会を得て、ぜひ見たいと思った。というのは、イタリアでは、仮釈放の要件がきびしい。無期懲役 (ergastolo徒役ともいう) は、二八年服役後でなければ仮釈放が許されないし(刑法一七六条三項)、初犯者には刑期二分の一経過後、ただし残刑が五年を超えないときに仮釈放が許されることになっている (同条一項)。これによれば、懲役三〇年の受刑者は、二五年経過後、また、懲役二〇年の受刑者は、一五年経過後でなければ、仮釈放を許されない。もっとも、善時制により半年につき二〇日の割合で、刑期短縮が認められうる (行刑法五四条)。

これでは、絶望、やけくそ、脱獄の企てなどにより、刑務所内の雰囲気は、不穏なものとなりかねない。それをどのようにして乗り切っているのか、彼らをどのように処遇しているのか。――わたくしは、それを実際に見たいと思った。

さて、国際社会防衛学会の機関誌である社会防衛雑誌の最新号に破毀院判事ベリア(A. Beria di Argentine) 氏の「今日のイタリアにおけるカモッラとマフィア」と題する論文が載っている。(2) その論文は、興味深い。ベリア氏は、国際社会防衛学会の事務局長でもあるので、わたくしとは熟知の間柄である。彼は、テロリストから死刑宣告をされている (つまり、テロリストから「機会を見て、お前を殺すぞ」という宣告を受けている）由である。彼が防弾ガラス入りの車に乗っているのは、そのためであろう。

ベリア氏は、この論文で、カモッラとマフィアの主な特徴として五つを挙げている。その中で、注目を惹くのは、両者とも、取引犯罪（criminalité des affaires, business crime）――タバコ取引、麻薬取引、恐喝、誘拐、殺人、買収等――で利益を得ることを最大の目的とする組織的犯罪者集団（犯罪的結社）であって、特に地方の行政官憲と結託・癒着していることである。地方分権の進んでいるイタリア（憲法一一四条以下参照）で、マフィアとカモッラは、地方行政官憲の懐深く入り込んでいるのである。

（1）　森下「イタリアの司法精神病院を尋ねて」法律のひろば三六巻一一号四八頁。

（2）　Beria di Argentine, Camorra et mafia en Italie aujourd'hui. Cahiers de Défense sociale, 1983, p. 40 et s.

二　マフィアとカモッラに対する闘争

マフィアとカモッラが勢力を増すにつれて、これを制圧する闘いが展開された。法律としては、まず、一九五六年一二月二七日法律一四二三号「公共の安全及び道徳にとって危険な人物に対する予防処分法」（Misure di prevenzione nei confronti delle persone pericolose per la sicurezza e per la pubblica moralità）がある。

この法律によれば、警察署長は、怠け者、常習浮浪者、常習的不法取引者、生活態度から見て犯罪をして暮していると思われる者などに対し、生活態度を変えるべきことの警告を発し（一条）、公共に対する危険性をもち、かつ、居住地以外に滞在する者をその出身地に送り返すことができる（二条）（違反者は、六月以下の拘役に処せられる)。悪質な者については、裁判所の命令で警察の特別監視処分に付する(三条・四条)。この処分の遵守事項に違反した者は、二年以下の拘役に処せられる(九条)。

この程度の対策では手ぬるいと考えられたのであろうか、一九六五年五月三一日法律五七五号「対マフィア法」(Disposizioni contro la mafia)が制定された。この法律は、マフィア的結社(associazioni mafiose)に所属する疑いのある者に適用される(一条)。

検察官は、上記予防処分法一条の警告がなされないときでも、同法の滞在禁止や特別監視命令を申し立てることができる(二条)。上記の警告がなされた者については、刑訴二三八条の警察留置(fermo)をすることができ、留置の期間は一四日まで延長可能である(四条)。滞在禁止の違反者は、これを令状なしで逮捕することができ、六月以上二年以下の拘役に処する(五条)。予防処分に付されている者が刑法三七八条(犯人庇護)、三七九条(対物庇護)、四一六条(犯罪的結社)、四三五条(爆発物の製造・所持)等の罪を犯したときは、刑を加重する。また、令状なしで逮捕することができる(七条)。

その後、一九八二年九月一三日法律六四六号「マフィア及びカモッラに対する闘争のための新法律」(Nuove disposizioni per la lotta alla mafia e alla camorra)が制定された。この法律は、一九五六年法律一四二三号、一九六二年二月一〇日法律五七号および一九六五年法律五七五号を改正強化するとともに、国会に「マフィア現象に関する委員会」(Commissione parlamentare sul fenomeno della mafia)を三年間の期限付きで設置することを内容とするものである。この法律を、仮に「マフィア対策統合法」と呼ぶことにする。

三五カ条から成るこの法律は、実体法と手続法の両面にわたり、かなり詳細な規定を設けている。そのうち、重要と思われる部分を抜き出してみよう。

まず、刑法四一六条の二（マフィア型結社Associazione di tipo mafioso）が新設された。ここで「**マフィア型結社**」とは、その構成員が、罪を犯すため、経済活動、許認可、払下げ、公の請負等を管理・支配するため、または不正の利益を得るため、結社の威嚇力、服従と沈黙の掟を利用したときの組織・団体をいう（一条三項）。カモッラおよびそれに類似する組織・団体も、これに含まれる（八項）。

一条によれば、三人以上で構成されるマフィア型結社に加入した者は、それだけで三年以上六年以下の懲役に（一項）、また、この結社を発起し、指導し、または組織した者は、四年以上九年以下の懲役に処せられる（二項）。没収は、義務的である。

刑法五一三条の二（脅迫又は暴行を用いた不正競争）が新設された。それによれば、商工業または生産活動において脅迫または暴行を用いた不正競争は、二年以上六年以下の懲役に処せられる。

特別監視命令の遵守事項の不遵守または滞在禁止の違反は、二年以上五年以下の懲役（一二条）。本法は、一九五六年法律九条二項を改正して、厳罰に処することにしたのである。

対マフィア法一条の改正により、同法は、マフィア型結社、カモッラその他類似の結社にも適用されることになった（一三条）。さらに、対マフィア法七条を改正して、刑法四一六条、四一六条の二等々の罪の刑を加重したほか（一八条一項）、すべての場合に訴追することとし（必要的訴追）（二項）、かつ、拘禁的保安処分を刑に併科することとした（三項）。

このほかにも、本法は、第二章「予防処分に関する規定」で、詳細かつ強力な規定を設けている。そこには、イタリアがマフィアとカモッラに対して断固たる闘争態勢をもって臨もうとする姿勢が、明白に看取される。われわれにとって興味があるのは、本法によって、カモッラが、マフィアと対等に並んで制圧の対象として浮かび上がったことである。
マフィアとカモッラの制圧は、かなり効果を発揮したといわれるが、その実情を知るためには、なお歳月が必要であるように思われる。

（判例時報一一五〇号、一九八五年）

〔追記〕　無期懲役〔徒役〕に対する仮釈放は、一九八六年法律六六三号により二六年服役後に許可されうることとされた。
刑法四一六条の二（マフィア型結社）は、一九九二年法律三五六号により改正された（本書二三四頁以下参照）。

24　イタリアのカモッラ

＊「秘密社会の中でも最も陰険な団体」といわれるカモッラの正体が、今ここに明らかにされる▼入門式の誓いの言葉は、まさに前代未聞

一　ナポリを見てから

「ナポリを見てから死ね」(vedi Napoli, e poi muori.) という諺がある。この諺は、英語では"See Naples and die."(ナポリを見て死ね) となるらしい。イタリア語の表現では、"poi"(それから)が入っているので、英語の言い方よりも味わいがあるように思われる。——こんなことを言うのは、語学道楽の人間の遊び事にすぎない。

ともあれ、この諺は、ナポリがこの世の夢の園にもたとえられる、世界一美しい都市であることを宣伝するうたい文句であろう。このうたい文句につられて、ナポリを訪れる観光客は、毎年、尨大な数に達する。観光バスでポンペイの遺跡を訪れ、そこで、かの有名な、色彩あざやかな男女交合の落書を見て、帰途につけば、ナポリ湾を見下ろす丘の上から、折からの夕陽に紅く映えるナポリ湾を一眺の下に収めることができる。その美しさは、なににたとえるべきか。

だが、ナポリ湾の夕焼けを見たぐらいでは、死ぬ気になれない。岡山県の鷲羽山から眺める瀬戸内海と瀬戸大橋の夕焼けの方が、もっと美しく、そのパノラマは、はるかに絶景である。ましてや、ナポリ市内の下町の、あの貧しく、雑然とした様子——通りの上に両側の家の間でロープを張り、洗濯物をいっ

カモッラ組員のスタイル
Russo e Serao,
La Camorra, 1970

ぱい吊るしてある——を見ると、「死んでなるものか」という気持ちが湧いてくる。恐らく、「ナポリを見てから死のう」と思ってやってきた自殺志願者は、「生きて行こう」という気持ちに変わるであろう。

さて、ナポリと言えば、ここを根城とする秘密暴力組織カモッラ（camorra）のことが思い出される。カモッラのことは、本書***23***（一五〇頁以下）で紹介した。マフィア（mafia）については、たくさん文献が出ているが、カモッラについては、文献は乏しい。なにかないかと探していると、一九八六年に米国で出版された『組織犯罪』と題する本（Kelly, Organized crime. A global perspective. 1986, Rowmann & Littlefield）に、カモッラの沿革、構成、活動などを扱った論文（Walston, See Naples and Die: Organized crime in Campania）が載っているのを発見した。その後、「カモッラ」と題するイタリア語の本二冊を入手した（Russo e Serao, La Camorra, 1970, Edizioni Bideri, Napoli; Sergio de Gregorio, Camorra, 1981, Società Editrice Naplioletana）。

シチリア島（シシリー島）で生まれたマフィアの場合と同様に、カモッラについても、その言葉の由来は、定かではない。諸説が、入り乱れて存在するようである。

一説によると、カモッラというのは、一八世紀のナポリの方言で“camorra”と呼ばれていた短い上衣またはジャケットを意味する。それは、スペインのチャマッラ(chamarra)に似た上衣“gamurra”がなまった言葉であるらしい。南イタリアが長らくの間スペインに統治されていた関係上、スペイン語がなまってイタリア語となることは、考えられることである。

第二説は、スペイン語のカモッラ（camorra「けんか」という意味）から来たと言う。スペイン語で「アセル・カモッラ」(hacer camorra）と言えば、「けんかをする」という意味なので、組織暴力団をカモッラと呼ぶようになった、というのである。

第三は、コーランで禁止されている賭博ゲームのクマール(Kumar)に由来するという説である。この説は、どうも根拠薄弱のようである。

言葉の由来はともあれ、カモッラは、一六五四年に発見されたとも伝えられるが、一九世紀に刑務所の中で発足し、外部にまで拡大して行った組織社会である。一九世紀、カモッラの連中が刑務所に次々に入れられてくるや、彼らは、しだいに徒党を組み、凶悪化して行った。舎房の中で、彼らは、帝王となり、他囚に命令し、その命令は、他の舎房にも送られた。彼らは、命令に服する者に賞を与え、他方、従わない者を罰した。他の囚人は、彼らの前では、あたかも鎖につながれた奴隷であった。

このような記述が、一八八四年の雑誌に掲載されている。一体全体、刑務所の中でこんなことが行われたとは、どういうことか。一九世紀のナポリは、ブルボン(Bourbon)王家の支配下にあった。カモッラの中には、ブルボン王家の警察の内通者となったり、陰謀者をあばく役をした者があるらしい。そんな関係で、刑務所内で彼らに対するお眼こぼしがあったのであろうか。

一九一二年には、カモッラに対する大規模な裁判があったらしく、これによってカモッラは、壊滅したと考えられていた。一九二二年にファシスト政権を樹立したムッソリーニは、マフィアとカモッラに対する掃討作戦を展開した。その結果、一九四三年にファシスト政権が崩壊するまでの間、カモッラは、絶滅したと見られていた。しかし、「どっこい、生きている」とでも言うのか、カモッラは、第二次大戦の終結を待つまでもなく、再びよみがえった。

二　カモッラの組織、活動、生活

カモッラは、「秘密社会の中で最も勢力があり、かつ陰険な団体」だと言われている。この種の組織には、どの国でも上命下服の階層がある。

このヤミ社会の構成を樹木にたとえれば、太い幹が、「幹部」ともいうべきズガリスタ（sgarrista）、中枝に当たるのが、カモリスタ（camorristo）、小枝に当たるのが、ピッチオット（picciotto）（「若衆」とでも訳すべきか）で、葉っぱに当たるのが、「小僧」（giovane d'onore）（直訳すれば、「名誉の若者」）である。カモリスタが、いわば一人前の組員というところか。

ピッチオットは、危地に臨んでも冷静沈着な男を意味し、カモリスタは、片足を棺桶に突っ込んだ火の男を意味する。「若衆」と「小僧」は、集めた用心棒代をピンはねせずにカモリスタに渡さねばならない。およそ組員は、彼らの社会で行われたことをだれにも話してはならない（沈黙の掟）。掟に違反した者は、破門され、死の宣告を受ける。こうしたことが、カモッラの法典に書かれてある。カモッラの組織に入る時には、この法典の中身を説明され、それを守ることを誓う。そして、「いかに死ぬかを知らない者は、いかに生きるかを知らない」ということを、つねに教えられるようである。

カモッラの法典は、ギャング団の御定書というよりも、スポーツ・クラブの規則書のように、読みやすく書かれている。その中には、次のように、詩に似た表現さえ含まれている。

問　ピチオット（若衆）の（命の）重さは、どれくらいか。

答　風に飛ばされる鳥の羽のようなもの

問　カモリスタの（命の）重さは、どれくらいか。

答　風に飛ばされる孔雀の羽のようなもので、火花のように消える。

このような詩的スタイルの問答を事あるごとに朗読していると、組員たちは、いつの間にか、この「答」のような気持ちになっていくのであろうか。

さて、カモッラの活動状況と性格には、時代による変遷が見られる。カモッラの活動範囲は、主としてカンパニア（Campania）地方（ナポリを中心とする地域）とカラブリア（Calabria）地方（長ぐつの先にたとえられる地域）である。カモッラは、最初、これらの地方で、暴行と脅迫を手段として住民を畏怖させる暴力シンジケート（power syndicates）として登場した。しかし、最近では、企業シンジケート（enterprise syndicates）としても活動している。

ここで企業シンジケートと言うのは、カモッラが合法的または非合法なビジネスを欺罔、脅迫等の手段を用いてくり広げてきたことを指すようである。欺罔手段の中には、ガソリンのごまかし、羊毛・絹・ウイスキーの偽造も含まれるに至った。代表的なものとして、次のものを挙げることができる。

(1)　ギャンブル

ナポリは、イタリアの中でも、特にギャンブラーの楽園である。一八六〇年以前から、カモッラは、ブルボン王家の宝くじ発売制度の不備を突いて、賭金の低い、もう一つの宝くじを発行したほか、以後、合法または非合法な競馬、カード・ゲーム、ナポリの数字ゲームなどで、カネをかせいだ。

(2) 売　春

田舎から小間物売りの風をしてやってきたおばちゃんが、都会でのすてきな生活を約束して、娘たちを連れてきて、娼婦置屋に渡す。カモッラは、その娼婦置屋を保護するとともに、売春宿の経営もした。

(3) タバコの密輸

一九六〇年代と七〇年には、タバコの密輸による収益は、カモッラにとって最大のものとなった。密輸は、小型運搬船が公海上で密輸タバコを受け取り、陸揚げする方法で行われるようである。密輸が発覚すれば、タバコは、押収される。一九七七年には、五六二トンのタバコが押収された。

(4) 麻　薬

近年、ナポリは、シチリア島のパレルモやフランスのマルセーユと並んで、ヘロインの密輸出入基地となっている。カモッラは、麻薬取引を通じて、シチリア島、カラブリア地方、北イタリア、フランス、アメリカなどの仲間と結ばれている。

ナポリは、麻薬取引の最も重要な中継基地の一つとなっており、米国やカナダへの密輸出のセンターとなっている。他方では、ペルーからナポリに運ばれたコカインは、ここから北イタリアや中央ヨーロッパに運ばれて行く。このことは、すでに一九七六年、国会の対マフィア委員会が指摘しているところである。

(5) 合法的ビジネスにおける犯罪

マフィアは、第二次大戦後、建築や運送の分野に進出し、巨万の富を積んだ。建築や運送は、形の上で合法的なビジネスである。だが、マフィアは、建築業については談合、工事の手抜き、材料のごまかしなどによって、利益を得た。マフィアの手口をばらす者は、消される可能性がある。カモッラも、第二次大戦後、建築や運送の分野に進出した。が、マフィアほどには本格的にこの分野のビジネスを遂行するに至っていない。

カモッラには、いくつもファミリー（組）がある。それらが、刑務所の中でも対立していると伝えられる。かつては、組員二、〇〇〇人を擁するファミリーも存在したが、今日では、一つのファミリーが五〇人から三〇〇人ぐらいの組織であるらしい。全体でどれくらいのカモッラの構成員がいるかは、明らかでない。

文献によれば、カモッラは、その組織、活動および性格において、カモッラ（camorra）から「新カモッラ」（nuova camorra, new camorra）へ、そして最近では、「組織化された新カモッラ」（nuova camorra organizzata, new organized camorra）へと変貌しつつあるといわれる。巧妙な仮面の下にカモッラ・ビジネスを行う組織体へと移行しつつある、ということであろうか。

（判例時報一二六五号、一九八八年）

〔追記〕 一九九七年のマフィア白書によれば、一九九六年末日現在、カモッラの勢力は、七、五四一人である。

25 サルデーニャ島の誘拐犯罪

＊「誘拐の本場」として有名なサルデーニャ島▼誘拐は、プロ犯人の洗練された手口で、役割分担によって行われる

一 サルデーニャの追いはぎ

一九八五年八月、東京で、イタリア図書輸入会社「文流」の社長西村暢夫氏から、こんな話を聞いた。数年前、ある日本人夫妻がイタリアのサルデーニャ(Sardegna)島の中央部の山地に車で観光に出かけたところ、追いはぎに遭い、最後の一枚を除いて、ごっそり強奪された。最後の一枚というのは、夫のパンツ、妻のパンティだそうである。

追いはぎのことを、イタリア語で《bandito》という。辞書を見ると、この語には、盗賊、山賊、追いはぎ、亡命者などの訳がついている。山賊と追いはぎは、同じようなものかも知れないが、「追いはぎ」には、文字どおり衣類まではぎ盗る、というニュアンスがある。

それにしても、かの日本人夫妻は、殺されもせず、強姦もされなかったのは、不幸中の幸いであった。

サルデーニャ(英語では、Sardiniaサルジニア)島は、地中海上、チレニア海を隔ててイタリア半島の西、コルシカ島の南に横たわる島である。イタリアでは、シチリア島に次いで二番目に大きな島で、その面積は、約二四、〇〇〇平方キロ。人口は、わずか一五〇万人。イタリアの二〇州のうちの一つであるが、人口密度は、イタリアで一番低い。地中海のまん中にあるため、非常に乾燥していて、風の多い気

候である。島であるため、平地は少なく、中央部の山岳地帯（最高部は一、八三四メートル）では、牧畜しかできない。

サルデーニャ島は、歴史的には、フェニキア、カルタゴ、ローマ、野蛮民族などに征服され、一八世紀には、サルデーニャ王国（トリノを首都とする北イタリアの王国）に領有された。島の北東部には、すばらしい海岸があり、そこは、観光地、レジャー地として有名で、外国から金持ち連中が、たくさんやって来る。それに引き替え、山岳地帯では、開発が遅れており、住民は、例外なく貧しい。牧畜だけでは食えないとなると、住民が追いはぎ兼業または専業となるのも、やむを得ないことかも知れない。

こんな次第で、サルデーニャ島は、昔から誘拐で有名である。その誘拐の研究が、イタリア司法省の要請にもとづき、ローマにある国連の社会防衛研究所（United Nations Social Defence Research Institute =UNSDRI　現在は、UNICRIと改称）によって、一九七九年から行われた。その研究成果は、一九八四年一〇月、国連社会防衛研究所から、研究叢書二三号『サルジニアにおける誘拐の現象学』(Phenomenology of kidnappings in Sardinia, 1984, Fratelli Palombi Editori, Roma) として刊行された。

この本が、このほど、右の研究所からわたくしの許に送られてきた。サルデーニャの追いはぎの話を聞いたばかりであったので、早速、興味深く読んだ。この書の第三部は、誘拐に関する文献を、細かい活字で四〇頁以上にわたって掲載している。サルデーニャ島における誘拐に関する文献だけでも、五〇〇篇を超えている。驚くべきことである。

ここで「誘拐」というのは、日本流に正確に言えば、略取と誘拐の総称である。その形態としては、(1)強姦・強制わいせつをするための婦女略奪 (ratto)、(2)財物強取を目的とする誘拐、(3)身代金を得るための誘拐、⑷テロ目的による要人の誘拐、⑸被害者に対して私的制裁を行うための誘拐、⑹後に犯罪または逃亡を容易に行うために人質に取る誘拐などがある。このうち、⑸に挙げたのは、復讐の相手、裏切りをした者などを捕えて来て、私的裁判（ragion fattasi）にかけ、または私的牢獄（carcere privato proprio）に入れるためであるらしい。

誘拐の中では、身代金目的によるものが一番多い。この形態のものが、サルデーニャ島における典型的な誘拐といわれている。果たして、この犯罪は、うまく成功するのか。

国連研究所の前記刊行物の第一部は、一九六五年一月一日から一九八一年一二月三一日までの一七年間にサルデーニャ島で発生した一八七件の誘拐事件のうち、約半数に当たる九二件につき分析した調査報告書（以下、「報告書」という）である（残りの九五件は、犯人未検挙と推測される）。調査は、裁判記録をはじめ、警察、検事局その他の公的記録や資料にもとづいて行われた。

二　誘拐事件の調査報告

報告書の中から、特徴的な点を紹介しよう。

㈠　犯罪現象

統計的に見ると、サルデーニャ島の誘拐は、イタリア全国（人口は、約五、七〇〇万人）の二一・九％に達している。全国の二・六％の人口しか住んでいないこの島が、かくも大量の誘拐事件を起こしているのである。

七二件が既遂で、二〇件が未遂であった。前記一七年間を前期（最初の六年間）、中期（次の五年間）、後期（最後の六年間）に分けてみると、それぞれ四〇件、二六件、二六件（いずれも既遂と未遂を含む）となっている。年代的には、事件の減少傾向が見られる。

(二)　犯　人　像

九二件の誘拐事件の被告人は、延四七〇人、人数で三六五人である。これは、同一人が二件以上の誘拐につき起訴されたものがあるからである。一件当たりの犯人は、最低一人、最高二〇人で、平均は約四人である。

犯人の七八%は、島の中央部（山岳地帯が多い）であるヌオーロ（Nuoro）地方の出身である。島以外の出身者は、わずか三%にすぎない。犯行時、犯人の大部分（七四%）は、二一歳から四〇歳であった。犯人の八一%は、初等教育をも終了していない。が、最近では大学卒の犯人もいた。

犯行は数人でなされることが多く、役割分担があるらしい。すなわち、(1)首領、(2)誘拐実行者、(3)監禁・監視係、(4)被害者の食事係、(5)被害者の家族との連絡をする者（いわゆる密使）、(6)身代金の徴収係、という具合である。一人で二役を引き受けている者がある。たとえば、誘拐を実行して、被害者を監禁・監視する場合、首領が密使役をする場合などが、それである。

(三)　被　害　者

九二件の誘拐事件の被害者数は、計一一二人（一件平均一・二人）である。被害者のうち、女性は約一割である。この比率は、イタリア全土では誘拐事件の被害者中、女性が約二五%を占めているのに比べれば、かなり低い。被害者の平均年齢は、四一・五歳である。子供を誘拐することは、めったにない。これは、サルデーニャ島における誘拐における特徴的なことである。

被害者の職業はさまざまであるが、六七％の被害者が、地主、事業経営者などであって、大体、金持ちがねらわれている。しかし、五・四％は、貧乏人であった。

(四) 犯行形態

犯行場所は、田舎（五六・五％）、海岸（一五・八％）、市街地（一五・二％）、山中（一〇・九％）となっている。犯行に際してピストルや猟銃を用いる場合が多い（八八％）

誘拐すると、犯人は、被害者を、多くの場合、車で隠れ家または洞穴（犯行地から数十キロ離れていることが多い）に運び、そこに監禁する。監禁の期間は、最高二四〇日に及んでいるが、三カ月未満が八三％である。

身代金を取る目的の誘拐が多いようだが、被害者の家族との連絡は、手紙によるものと手紙とその他の手段との併用によるものが、合計して六割以上を占める。電話が用いられることは、めったにない（報告書の調査事例では、ゼロである）。「直接接触」というのも、一割以上ある。

手紙というのは、郵送によるのかは、報告書では明らかでない。「密使」（emissario）と呼ばれる者が、連絡役をすることが多く、これが、サルデーニャ島の誘拐の特色となっている。密使が手紙を持参するのであろうか。密使は、一人のこともあり、二人のこともある。

密使の多くは、犯人の仲間であるようだ。中には、誘拐の被害者の一人を密使とすることもあるらしい。密使は、すべて男であって、単なる手紙の配達人ではなくて、被害者の家族と犯人との取引交渉もするようである。密使の年齢は、調査対象となった事件では、二八歳から四〇歳までである。彼らのうち、三五％は、初等教育を終わっていない。

(五)　身代金と結末

九二件中、一六人が殺されている。その内訳は、身代金支払い後に殺されたのが六件、身代金を支払わないので殺されたのが二件、誘拐行為中に抵抗または逃走を試みて殺されたのが四件、監禁から脱出したので、または帰って来なかったので殺されたのが、四件となっている。「帰って来なかった」というのは、被害者の中の一人が密使として用いられ、帰って来なかったので殺されたのであろうか。

九二件中、身代金を支払って釈放されたのは、三九件(四二・四%)、支払わないので釈放されたのは一四件、脱出したのは一五件、釈放されたのが三件、不明五件となっている。

女の被害者は約一割であるが、その中で、誘拐後、監禁されている間に強姦されたのは、わずか一件だけである。報告書は、このことを「注目すべきである」と言っている。これから察すると、誘拐犯人や追いはぎは、女性のパンティに手をかけないのが、仕来たりになっているのであろうか。

さて、被害者の家族の四五・六%は、警察に連絡を取っている。が、八件(八・七%)は、沈黙を守り、官憲に連絡していない。四〇件は、「不明」となっている。

七二件の誘拐既遂のうち、身代金の要求のあったのが三六件、要求のないのが三六件で、ちょうど半数ずつになっている。要求に係る身代金の額は、最低が一〇〇万リラ、最高が六〇億リラである。一リラは、一九七〇年当時、五〇〜四五銭であったかと思われるが、現在は一五銭である。

身代金の支払いがなされたのは、四六件(既遂事件の六三・九%)である(要求されなくても支払ったのが一〇件あるということらしい)。身代金の最低は、一〇〇万リラで、最高は一〇億二〇〇〇万リラである。このうち、要求されたとおりの額を支払ったのは、ちょうど三分の一である。

㈥ 裁　判

九二件の誘拐の被告人は、先に述べたように三六五人である。彼らは、予審に付された。その予審の平均期間は六四七日で、最高は九〇〇日を超えている。予審終結から第一審裁判の終了までの平均日数は、二九三日である。控訴した事件のうち、第一審判決から控訴審判決までに要した日数は、平均四九八日である。

報告書には、宣告刑に関する記載はない。

（判例時報一一六二号、一九八五年）

26　イタリア憲法裁判所の違憲判決

＊イタリア憲法裁判所は、具体的事件を通して憲法判断をするのに、憲法違反の判決が実に多い▼それらの判決をたどることは、実に興味深い

一　イタリア憲法裁判所

かつて、イタリア刑法典の翻訳をしたことがある。この森下訳は、法務資料四三二号『イタリア刑法典』（昭和五二年七月）として刊行された。これを訳す際に底本として用いたのは、イタリアで最も評判の高いジュッフレ（Giuffrè）社の一九七五年版の『五法全書』である。

『五法全書』（I cinque codici）というのは、わが国の『六法全書』にあたる。五法とは、憲法、民法、刑法、民事訴訟法及び刑事訴訟法のことである。商法は、民法に含まれている。この『五法全書』には、適切な注釈と参照条文が付いている。

刑法典の翻訳をするについて、なによりも眼につくことは、憲法裁判所の違憲判決が数多く出ていることである。刑法以外でも、一九三〇年の刑事訴訟法、一九三四年の少年裁判所法、一九三一年の警察法、一九七〇年の恩赦法などについても、少なからぬ数の違憲判決が出ている。

一九六〇年から一九七五年末までに、刑法典に関して、少なくとも二六の違憲判決が出ている。ここで「少なくとも」と言ったのは、違憲とされた法律がその後に改廃されると、『五法全書』ないし法令書には「一九××年×月×日、憲法裁判所判決××号は、刑法△△条は憲法△△条に違反する」と宣告し

た、という記載はなされていないからである。それゆえ、「少なくとも二六」というのは、市版の法令書に載っているだけでも二六という意味である。

違憲判決の数があまりにも多いので、憲法裁判所（Corte Costituzionale）のことを調べてみた。一九四七年のイタリア共和国憲法（一九四八年一月一日施行）は、第六章「憲法の保障」第一節において、憲法裁判所の権限、構成、違憲判決の効力等について規定している。

まず、憲法裁判所は、次の事項について裁決する権限を有する。(1)国および州の、法律および法律の効力を有する行為の合憲性に関する争い、(2)国の諸権力間の権限争議ならびに国と州との間および各州間の権限争議、(3)憲法の規定による大統領および各大臣に対する弾劾（憲一三四条）。このうち、(2)と(3)にあたる場合は、事実上、めったに存在しない。

憲法裁判所は、一五人の裁判官で構成される。その三分の一は、大統領により、次の三分の一は、国会の合同会議により、最後の三分の一は、上級の通常裁判所および行政裁判所の裁判官の中から、それぞれ指名される（憲一三五条一項）。裁判官の任期は、九年とし、引き続き再選されることはない（同条三項）。

憲法裁判所の最も重要な任務は、法律の規定または法律の効力を有する行為の合憲・違憲を審査することである。憲法裁判所が違憲性を宣告したときは、その規定は、判決の公布の翌日から効力を失う（憲一三六条一項）。

ところで、数多くの違憲判決が出ているのは、具体的事件とは関係なく、法令の違憲性が憲法裁判所で争われるからであろうか。法令の合憲・違憲を抽象的に争うことができるとは考えられないが、いずれにせよ、確認しておきたいと思った。

イタリア憲法の教科書等を読んでみれば書いてあるに違いないが、それらの書物を業者を通じて取り寄せるには、三カ月もかかる。日本の憲法学者がイタリア憲法裁判所のことを書いているであろうが、その文献を探し出すのが、一苦労である。「直接、イタリアの学者に尋ねるのが、早道だ」と思っていると、そのチャンスが訪れた。一九七六年八月、中米ベネズエラの首都カラカスで開かれた第九回国際社会防衛会議に、文部省から派遣されることになったのである。

この国際会議に参加したわたくしは、上記の件をミラノ大学教授とイタリアの司法官とに尋ねた。両氏とも、「憲法裁判所が具体的事件とは関係なく法令の合憲・違憲を審査することはない」という返事である。これは、上記(2)と(3)にあたる場合が事実上存在しないことをも意味するであろう。

その後、調べてみると、すでに一九六四年、ボルゲーゼ著（岡部史郎訳）『イタリア憲法入門』（有斐閣）が出ており、そこには、個人が違憲訴訟を提起することができるためには、具体的事件の訴訟の当事者となることが必要である、と書かれてある（一一三頁）。

二　刑法と刑訴法の違憲判決

一九六〇年から一九八三年末までに刑法典についてなされた憲法裁判所の違憲判決は、市販の法令書について調べた限りで、三三ある。憲法裁判所発足以後の違憲判決を裁判例集について調べたら、もっと多くの数に達するであろう。

とりあえず、右の三三判決につき、刑法の条項はどういう理由で違憲とされたかを概観したのが、拙稿「イタリア憲法裁判所の刑法関係違憲判決」(拙著『イタリア刑法研究序説』一九八五年、法律文化社)である。

ファシスト政権下の一九三〇年に制定された現行刑法典には、第二次大戦後、政治的変革、犯罪情勢の推移、司法制度の改革等に伴って、相次ぐ一部改正がほどこされている。それにもかかわらず「イタリアは、労働に基礎を置く民主的共和国である。」と宣言し(憲一条一項)、「共和国は、人間の不可侵の権利を認め、かつ保障」し(憲二条)、法の下の平等を宣言する(憲三条)憲法の立場からすれば、違憲と宣告される条項を、刑法典は、なお多くもっていたのである。

妻の姦通および相姦者を罰する姦通罪(刑五五九条)、妾をかこった夫とその妾とを罰する蓄妾罪(刑五六〇条)等が違憲とされたのは、理解することができる。このような規定は、新憲法施行までに廃止しておけばよかったのである。

ところで、われわれにとって理解しがたい違憲判決もある。たとえば、一九七九年一一月二一日判決第一三一号は、罰金または科料の不完納者に対して三年以下の懲役または二年以下の拘役にそれぞれ転換することとしている点で、刑法一三六条(金銭刑の転換)は憲法三条(法の下の平等)に違反する、と宣告した。この判決の立場からすれば、わが刑法一八条(労役場留置)は憲法一四条(法の下の平等)に違反する、ということになるであろう。というのは、罰金・科料を完納することのできない貧乏人だけが、換刑処分または換役処分として自由を拘束されることになるからである。

イタリアでは、この違憲判決を承けて、一九八一年一一月二四日法律六八九号(刑罰体系改正法)で、刑法一三六条を改正するとともに、同法で不完納の罰金・科料の転換の態様を定めた(一〇二条以下)。それによると、不完納の罰金または科料は、まず、これを監視付き自由（libertà controllata）または代替労働（lavoro sostituivo）に転換することとし（一〇二条以下）、不完納者がこの転換措置を遵守しない場合に初めて自由刑への換刑処分を適用することになる（一〇八条）。

その他でも、憲法擁護の態度が堅持されているように見える。たとえば、死刑の廃止（憲二七条四項）は犯罪人引渡しにも及ぶとする一九七九年六月一五日判決五四号が、それである。ちなみに、全く同じ問題につき、西ドイツ連邦憲法裁判所は、逆の判断を示している（一九六四年六月三〇日判決）。ここでは、憲法の効力は国境を越えても及ぶかという問題につき、積極（イタリア）と消極（西ドイツ）の、二つの異なる判断がなされている。

尊属殺人に対する刑の加重（刑五七七条一号）は、違憲とされていない。尊属殺人は、徒役（無期懲役）に処せられる。これは、絶対的法定刑であるので、きびしい（普通殺人は、二一年以上の懲役）。イタリア刑法は、卑属殺人も尊属殺人と同一の刑に処している（五七七条一号）。尊属殺人罪が違憲とされない理由は、ここにあるかも知れない。

刑事訴訟法典は、一九三〇年一〇月一九日に公布（審署）され、一九三一年七月一日に施行された。これについては、岡田朝太郎訳『伊太利刑事訴訟法典』（司法資料一九九号・一九三五年）が刊行されている。が、この翻訳は、今ではあまり役に立たない。各所で条文の改廃が行われているからである。

最近入手したジュッフレ社版の法令書・コンソ（Conso, G.）編『刑事訴訟法典及び補充法規』（一九八四年一〇月一五日現在の条文）によると、刑訴法について、なんと七〇にのぼる違憲判決が載っている。違憲とされた条文の数は六〇であるが、同一の条文について二つの違憲判決がなされているものが、一〇ある。

この違憲判決を見ると、一九六四年に三つ出されたのを初めとして、以後、一九七七年にゼロの年があるのを除いて、一九八四年まで、毎年、違憲判決が出ている。一九七五年には九つ、一九七〇年、七二年、七六年および七九年には、いずれも六つの違憲判決が出ている。まことに、驚くばかりである。

これら七〇の違憲判決の大要をお知らせすることは、限られた紙幅では、とうてい無理である。

イタリアの刑事訴訟は、わが国の戦前の制度がそうであったように、大陸法型の職権主義の構造のものである。予審制度、付帯私訴の制度があり、検事局は、裁判所に付設されている。重罪を審理する重罪法院 (corte d'assise) では、参審制度が採用されている。重罪法院は、控訴院の管轄区域ごとに一または数個設けられ、控訴院判事一人 (裁判長となる)、地裁判事一人および人民裁判官 (giudici popolari) 六人、計八人で構成される (一九五一年四月一〇日法律三条)。人民裁判官は、三〇歳以上六五歳以下の国民の中から選出される。彼らが、テロリストらから「報復するぞ」という通告を受け、死の恐怖にさらされながら義務を果たしていることは、周知のところである。

イタリア刑訴法は、一九七〇年ごろから激化したテロを防圧するべく、たびたび一部改正された。

憲法裁判所の違憲判決は、刑訴法のほとんどすべての章にわたってなされている。七〇件の違憲判決についておおよその分類をすれば、付帯私訴に関するもの八件、訴訟行為 (宣誓、送達など) に関するものの一一件、予審の通則 (逮捕、勾留状など) に関するもの八件、正式予審 (弁護人、鑑定など) に関するものの一三件、略式予審に関するもの七件、公判準備と第一審の公判に関するもの四件、裁判の執行に関するもの九件、となっている。

フランス刑訴のガルダ・ヴュー（garde à vue）に相応するイタリア刑訴二三八条の警察留置（fermo）、すなわち、無令状による被疑者の留置（ゆるやかな意味の緊急逮捕といってもよいであろう）は、犯罪情勢の悪化に伴い、数次にわたり要件が緩和されている。しかし、今日までのところ、これを違憲とする判決は出ていない。

（判例時報一一六九号、一九八五年）

〔追記〕　イタリアでは、新しい刑事訴訟法典が、一九八八年に公布され。翌年一〇月二四日施行された。この新法の翻訳は、法務資料第四五七号『イタリア刑事訴訟法典』（平成九年一〇月）として刊行されている。

27 古いマフィアと新しいマフィア

＊　マフィアは、シチリア島の農地管理人とそのその配下たちの総称▼一九五四年ごろから企業家としての新マフィアに変質した

一　マフィアの歴史

一九八〇年ごろから、どういうわけか、イタリアでは、マフィア（mafia）に関する著書が相次いで出版されている。このことは、マフィア研究が盛んになったことを物語るであろう。現に、シラクーザ（シラクサ）にあるＩＳＩＳＣ（刑事科学国際高等研究所）では、一九八三年九月、「今日のマフィア」と題する地域セミナーを開催している。

かつては、マフィアの研究を公表すると、マフィアの方からそれ相応のお返しがあるとか伝えられた。今では、そういうことはなくなったのであろう。なぜだろうか。察するところ、(1)一方では、マフィアに対する政府・官憲の姿勢が強くなった、(2)他方、マフィアの側では、「研究や出版なら、やらしておけ」ということであろうか。

一九八四年、『マフィアの歴史』（G. Falzone, Storia della mafia）という名の、三〇〇頁を超える大著が、パレルモで出版されている。わが国では、竹山博英著『シチリア　神々とマフィアの島』（一九八五年、朝日選書）が、要領よく、マフィアの歴史を叙述している（一九九六年、ジョン・フォレイン著・福田靖訳『すべてはマフィアの名のもとに』（三田出版会）が、刊行された）。

マフィアという言葉の語源は、まだはっきりしていない。確かなことは、マフィアがシチリア島(シシリー島)で生まれ、育ったことである。そのシチリア島は、アフリカとヨーロッパを結ぶ交通の要衝であるため、古代から諸民族のたび重なる侵略を受けてきた。マフィアの誕生は、シチリア島がたどった苦難の歴史を抜きにして語ることはできない。

シチリア島西部では、スペイン・ブルボン朝の支配の下に、強大な領主権に支えられた封建的土地所有制が、一九世紀初頭まで残っていた。領主は、ならず者から成る私兵を用いて領地の秩序を維持し、農民は、農奴的状態に押し込められていた。このような封建的制度は、一八一二年の憲法制定を機に、くずれ始めた。封建領主は、単なる大地主となって、農民に土地を貸すようになった。この貴族層をなす大地主たちは、領地に住むのを嫌って大都会に移り住んだ。そこで、土地は、ガベロット(gabellotto)と呼ばれる農地管理人に委託されるようになった。

このガベロットが、マフィアの起源である。彼らは、大地主から借りた土地の地代を支払い、土地を細分化して農民に又貸しした。彼らは、ならず者を配下に集め、村の秩序維持をはかった。彼らは、大地主に支払う地代を値切る一方で、農民から搾取し、富を蓄積した。マフィアとは、このガベロット(農地管理人)とその配下たちの総称であった。マフィアのボスの大半は、ガベロットであって、配下のマフィアの大部分は、極貧の家庭に育ち、ほとんど文盲に近かった。

マフィアは、農村の事実上の支配者として、村民の選挙投票をも管理できた。そこから、マフィアと政治家との間に持ちつ持たれつの関係が生まれた。マフィアは、この関係をてこにして公共機関への就職あっせん、公共事業への入札などに影響力を及ぼすことになる。二〇世紀初頭、農村で力と富を蓄えたマフィアは、政治家の集票機関として政界に食い込み始めた。

ここが大切である。今日でも、イタリアでは公務員に採用されるかどうかは、公務員試験の成績ではなくて、マフィアとのコネの有無だ、と言われる。真偽のほどは確かめようもないが、火のない所に煙は立たぬ、ということもある。

ファシスト政権を樹立したムッソリーニは、マフィアの弾圧に乗り出した。弾圧は強行され、マフィア的犯罪は、激減した。が、マフィアの息の根を止めるまでには至らなかった。

第二次大戦中、連合軍は、マフィアの協力を得て、シチリア島を占領した。協力のごほうびとして、多数のマフィアのボスが市長などの公職に就いた。マフィアは、息を吹き返した。以後、マフィアの活躍の舞台は、米国にまで及んだ。

マフィアには、二つの掟がある。服従の掟と沈黙(merta)の掟である。「沈黙」は、どんなことがあっても口を割らないことを意味する。この二つの掟は、マフィア組織の誕生とともに、絶対的内部規律として生まれたものであろう。掟を破った者には、復讐(すなわち、死)が待っている。

特徴的なことは、マフィアは、弱者(農民)から搾取し、暴力と脅迫を用いて富の蓄積を行ったことであり、やがて政治権力と結託して地方政治だけではなく、国政にも影の力を行使しうるほどに勢力を拡大・強化したことである。マフィアは、「強きをくじき、弱きを助け」る仁侠道によるのではなくて、「弱きをくじき、強きと結託し」て富を蓄え、暗黒街の一大帝国(いわゆる「国家の中の国家」)を築き上げた。彼らの手口は、暴力と脅迫であった。「脅迫」とは、「お礼(復讐)はします」という脅しであるが、時には、お礼(復讐)の実行に及ぶ。ここに、伝統的マフィアの典型的な姿が見られる。

二　新しいマフィア

一九八五年、イタリアで『古いマフィア、新しいマフィア』（Mafia vecchia, mafia nuova）と題する本が出版された。出版の知らせを聞いて早速注文したが、すぐ売切れになった、という返事が来た。ローマの国連社会防衛研究所（UNSDRI）にいる知人に「その本をコピーして送ってほしい」と頼んだが、この本はこの研究所にも、大学の図書館等にも購入されていない、という連絡である。

やっと、最近、この本を購入することができた。それによれば、「新しいマフィア」（以下「新マフィア」という）の概要は、大体、次のようである。古いマフィア（以下「旧マフィア」という）が伝統的マフィアを指すのに対し、新マフィアは、企業家としてのマフィアである。

一九五四年ごろから、マフィアは、急激に変質した。農村社会に根を張っていた旧マフィアは、一時に巨額の収益をあげる都市の建築業や輸送業に手をのばし始めた。ここに新マフィアが誕生した。新興マフィアは、一九六〇年代末に至るまでの、イタリア経済の復興に伴う建築ブームによって、パレルモ（シチリア州の首都）に進出した。

マフィアは、マフィア以外の建築業者を暴力という伝統的方法で入札から排除した。談合などという、ちゃちな手段は、初めから問題外である。また、利権の対立するマフィアを車ごと爆破するという、ギャング的行動に出た。マフィアの○○一家対△△一家の抗争である。それは、わが国の暴力団における、○○組対△△会の抗争といったものより、はるかに徹底した、凄惨なものであった。

この抗争に勝った新マフィアは、巨額の利益をあげた。この時期に、マフィアが企業家として建設業に進出するためには、それなりの資金を必要とした。その資金の調達は、二つの方法でなされた。一つは、イタリア政府がシチリアに投入した公共事業費を政治家との癒着を利用してピンはねしたり、流用するものであり、他は、麻薬取引により巨額の利益を挙げるものであった。中でも、麻薬取引(中東、トルコ、アジアから来る麻薬をシチリアを中継地として世界中に流す)は、重要であった。

一九五七年の終りごろから、マフィアは、州都パレルモ市を、米国などに密輸する麻薬の精製基地とした。彼らは、米国向けの麻薬密輸網を組織した。この密輸網は、一九七〇年代になって急速に拡大し、ビッグ・ビジネスに成長した。当時の麻薬の取引額は、年間八千億リラから一兆リラ(約一、六〇〇億円から二、〇〇〇億円)にのぼったと言われる。七九年以降、取引額は、倍増した。当然のことながら、この最有力産業である麻薬取引の主導権を獲得するべく、血で血を洗う、すさまじい抗争が展開された。

巨大な麻薬取引産業によって、マフィアは、あまりにも巨大な企業体に変身した。政治家は、マフィアから離れようとし、官憲は、マフィア掃討の方針を強めようとした。マフィアは、孤立感を深めた。麻薬密売に手を染めた犯罪組織としてのマフィアは、警察官、検察官、裁判官を血祭りにあげ、また、マフィア攻撃をするジャーナリストにも血の報復をするようになった。一九八三年には、マフィアによる殺人のぎせい者は、二二四人に達した。その中には、ロッコ・キンニチ予審判事の暗殺も含まれている。彼は、出勤のため自宅を出ようとしているところを、車に仕掛けられた、無線操作による高性能爆弾で爆破された。軽機関銃を持った二人の護衛憲兵も、門衛も、判事とともに爆死した。これは、衝撃的な事件であるが、マフィアによる報復の一例にすぎない。

さて、大切なことがある。それは、麻薬取引によって得た巨額のもうけの行く方である。伝えられるところによると、カネの流れには、二つのルートがある。

その一つは、スイスの銀行への送金ルートである。すなわち、麻薬の密輸代金は、スイスの銀行にドルで預金された後、それとほぼ同額の融資をリラ（イタリア通貨）で受け、その貸付金は永久に返済しないという形で、マフィアの手に渡る。この過程で、麻薬取引の「汚れたドル」が、アルプスの雪で洗われて、合法的で「きれいなリラ」に変わる。

その二は、シチリア島にある銀行（その数は、実に多い）を経由するルートである。麻薬の密輸代金は、シチリアの銀行に送られ、そこで、麻薬取引の「汚いドル」がリラに換えられ、「きれいなカネ」に変身する。マフィアは、こうして「きれいにした」資金を建築に投資したり、スイスの銀行に持ち込んで海外投資を行っている。

このうち、第一のルートが主要なものであるかと思われる。その理由は、スイスが銀行秘密を固く守っていること、およびスイス・フランが強くて安定していることに見いだされるであろう。スイスの銀行秘密については、「海外刑法だより(12)」判例時報一一四七号で、その由来や内容について述べたことがある。銀行秘密とは、たとえば、だれの口座に、いつ、だれから、いくら送金してきたか、だれの預金はいくらかなどについて、銀行は、厳として秘密を守るということを指すであろう。スイスでは、匿名口座が全体の口座数の三分の二を占めていて、預金者の秘密を守っているから、「だれの口座」ということも、特定の銀行関係者以外にはわからないはずである。

しかし、銀行の秘密は、絶対的なものではない。犯罪捜査のために必要であれば、一定の要件の下に、銀行秘密は開示されることがある。実は、一九七三年五月二五日に締結された「米国＝スイス刑事司法共助条約」では、マフィアを代表とする組織暴力組織による犯罪を防止するための司法共助を行うにあたり、スイスの銀行秘密をどこまで開示することを認めるべきかが、最大の課題とされた。いうまでもなく、マフィアが麻薬取引等に係る巨額の代金をスイスの銀行を通じて決済しているからである。

新マフィアの巧妙なやり方にどのようにして対抗するか。これは、今や、国際的な犯罪防止における重要課題の一つになっている。

（判例時報一二二四号、一九八七年）

〔追記〕　一九九〇年のマネー・ロンダリング条約一八条七項は、「締結国は、本章に規定するすべての協力〔捜査共助および国際刑事司法共助〕を拒絶する理由として銀行秘密を援用してはならない。」と規定している。

マネー・ロンダリング条約の全条は、拙著『国際刑法の基本問題』（一九九六年、成文堂）第一〇章に掲載されている。

28　今日のマフィア

＊マフィア集団は、服従と沈黙の二つの掟によって厳重に維持されている▼新マフィアの資金源とカネの流れに注目

一　マフィア集団の構造

本書27の「古いマフィアと新しいマフィア」で、近年、イタリアではマフィアに関する著書が相次いで刊行されていることを書いた。

マフィアの故郷は、シチリア（シシリー）島である。そのシチリア島のシラクーザ（Siracusa）にあるＩＳＩＳＣ（刑事科学国際高等研究所）は、幅広い研究活動とすぐれた書物の刊行によって、国際的によく知られている。そのＩＳＩＳＣから、一九八八年に『今日のマフィア。その現象の個別化と闘争の体系』（La mafia oggi. Individuazione del fenomeno e sistema di lotta. a cura di G. Tinebra, 1988, CEDAM, Padova）と題する、約四四〇頁に及ぶ大版の書物が刊行された。

この書は、書名のテーマで一九八三年九―一〇月と八四年一一月の二回にわたり、ＩＳＩＳＣによって組織されたセミナーの研究報告をまとめたものである。このセミナーには、有能な実務家と学者、計約七〇名が参加している。マフィア対策は、まことにイタリアの最重要な緊急課題の一つである。このセミナーが開かれたころは、一九六五年の対マフィア法（Legge 1965, n. 575. Disposizioni contro la mafia）や一九八二年九月一三日法律六四六号〔マフィア対策統合法〕などの、一連のマフィア対策立法がよう

やく効果を挙げ始めたと伝えられた時期である。

上記『今日のマフィア』から、わたくしの興味を惹いた若干の点を紹介しよう。
(一) マフィア集団の構造
マフィア一族は、上命下服の関係で構成されている。

カーポ(capo)と呼ばれる頭領(または大親分)は、上記の書によれば、「絶対権力の保持者」である。絶対権力というと、配下の者に対し生殺与奪の権さえ持っているということであろう。マフィアには、服従(obbedienza)と沈黙(omertà)という二つの掟がある。服従は、絶対服従、言いかえると、その違反には死を伴うことを意味する。

頭領の下に副頭領(vice-capo)がいる。彼は、頭領を輔佐し、運営委員会を主宰する。

副頭領の下に、幾人かの地域親分(capo area)がいる。彼は、その管轄下にある四つないし八つの地区(zona)を統轄する。地域親分の下には、地区ごとに地区親分(capo zona)がいる。彼は、その下に子分を擁して、マフィア活動を指揮する。時には、その子分が細胞親方(capo nucleo)となり、最先端の「細胞」の長となることもある。

このように見ると、マフィア一族の構成は、わが国の暴力団の構成に似ている。しかし、わが国の暴力団が、○○組系△△組内××組▽▽組というふうな構成を取っているのとは、やはり違いがあるように思われる。
(二) 殺人件数
一九五五年から八四年の三〇年間にイタリア全土で二万一、九七一人が殺害された。当時、イタリアの人口は、五、六八〇万余であった。これを一〇万人当たりで計算すると、三・九人になる。この殺人比率は、マフィアの根拠地であるシチリア島では、全国平均の約二・四倍、長ぐつの先にたとえられるカラブリア（Calabria）州では、約三・三倍である。犯罪多発地区として知られるカラブリア州都レッジョ・カラブリア（人口約一六万人）では、なんと約六・四倍である。カラブリア州は、マフィアとカモッラが勢力をもっている地域である。

『今日のマフィア』には、このような数字が載っている。しかし、本当の殺人件数は、もっと多いのではないか。数年前、イタリアを訪れた際、ミラノ少年裁判所長であって国際社会防衛学会の事務局長をしているベリア（A. Beria di Argentine）氏は、「イタリアでは、毎年二、〇〇〇件の殺人があって、大問題だ。日本の殺人件数は、どれくらいか」とわたくしに尋ねたことがある。

いわゆる「消された」者（ヤミからヤミに葬られた者）も、かなりいるのではなかろうか。イタリアでは、身代金誘拐事件はかなりあると伝えられるのに、警察に認知された件数は、ほんの一部にしかすぎない。殺人の暗数はどれくらいであろうかと、わたくしは、頭をひねっている。

二　資金源の問題

犯罪学的に見たマフィアの正体は、「古いマフィア」から「新しいマフィア」へと変容するにつれて、変わりつつあるように見える。最も重要な点は、彼らの生活源、資金源（sostegno）が時代とともに変わり、それにつれて彼ら自身の変容が進んだことであろう。その一端は、本書*27*で紹介した。今日、彼らの資金源の最大のものは、麻薬である。麻薬の製造（粗製、精製）・密輸・販売で得る収益は、予測もつかないほど巨額のものであるようだ。

前掲書『今日のマフィア』に、マフィア型の組織犯罪集団の活動とカネの流れを示す図が載っている。その図には、A、B、Cに当たる部分にイタリア語で書かれてある。それを説明しよう。

まず、第一段階の「A」に当たるのは、マフィア集団が行う麻薬犯罪、誘拐、密輸、恐喝、賭博、行政に損害を与える詐欺等の犯罪行為である。

これらの犯罪で得た収益は、第二段階で、「B」に当たる国内および（または）国外の金融機関に預金されたり、振り込まれる。図で見られるように、それらのカネの大部分は、これらの金融機関を経由して、再び第一段階の「A」に当たる犯罪の資金として用いられる。

第二段階では、収益の一部は、第三段階の「C」に当たる活動、すなわち、国内および（または）国外での「合法的」活動に用いられることが、矢印で示されている。ここで「合法的」活動とは、有利な金融投資、建設業、運輸業、興行などを指すであろう。その中には、「合法」企業の仮面をかぶっているもの、つまり、合法偽装企業が多く含まれているであろう。

第三段階では、それらの「合法的」活動によって得た巨額の収益が、再び第二段階の「B」に当たる国内外の金融機関に預金されたり、振り込まれていることが注目される。

この図によって、第二段階における「B」（国内外の金融機関）を通して、いわゆるマネー・ロンダリング（money laundering）が行われていることが理解されるであろう。「マネー・ロンダリング」とは、本書**4**で紹介したように、犯罪によって得た「汚れたカネ」（dirty money）を、金融機関を経由することにより、その形態または所有名義を変えることによって「きれいにする」こと、すなわち、「おカネの洗濯」

28　今日のマフィア

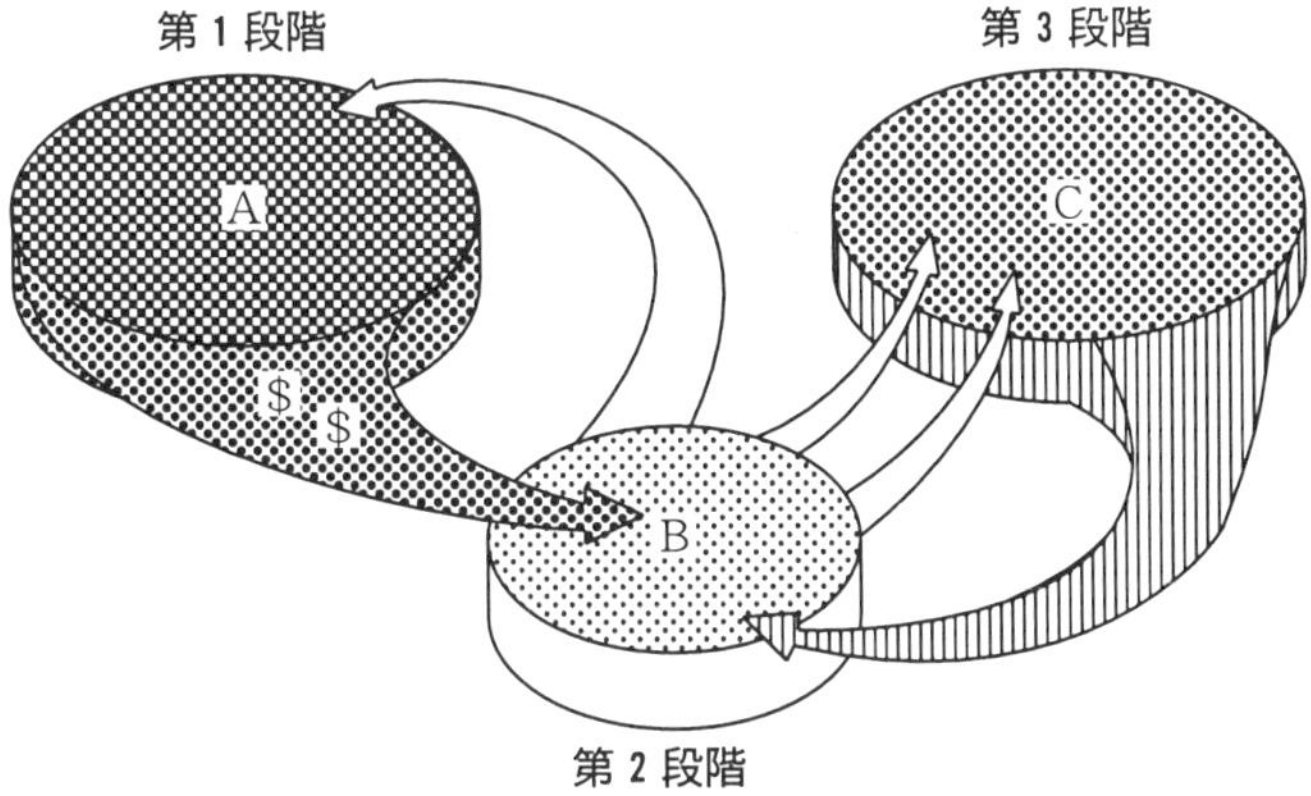

を意味する。

「カネの洗濯」は、イタリア語では、"lavaggio di denaro"と言われる。最近では、"riciclaggio di denaro"（「カネのリサイクル」を意味する言葉）という表現が一般に用いられている。刑法の、資金洗浄罪（刑法六四八条の二）の見出しは、"riciclaggio"となっている。

「カネの洗濯」のおもしろい事例が、スイスの文献に載っている。[注] 一九七八年七月、イタリアのミラノで身代金誘拐が行われ、同月二九日、二億二、〇〇〇万リラ（一リラは約一二銭）の身代金が、一〇万リラ紙幣と五万リラ紙幣で支払われ、被害者である女性は釈放された。犯人らは、まず、同年九月二九日、スイスのルガノ(Lugano)にある一一の銀行で、身代金をスイス・フランに両替し、ついで六日後、ルガノとキアッソ（Chiasso）にある一〇の銀行で同様に両替した。

当時、すでにスイスでは一九七七年の銀行協定（Convention interbancaire）が実施されており、一定額を超える預金・送金等については顧客の身元を確認すべき義務が、銀行側に課せられていた。上記二一銀行のうち、犯人の身分証明書の呈示を求めたのは一銀行のみであり、他の一銀行では、「あやしい顧客」と見た係員が両替を拒んだ。犯人らは、通報によりかけつけた警察官に逮捕され、裁判にかけられて、一人は五年、一人は二年の自由刑に処せられた。この場合、スイスは、どの罪名で、刑法適用法のどの原則を適用して処罰したのか、上記の文献には載っていない。

スイスが一九三四年の銀行法以来、銀行秘密を厳守していることは、周知のところである。この銀行秘密は絶対のものではないのだが、組織犯罪集団の幹部の中には、「スイスの銀行秘密は絶対だ」と今なお信じている者がいる由である。その故でもないであろうが、イタリアとの国境に近いスイスの田舎町には、田舎町には似つかわしくない堂々たる銀行の建物が、いくつも並んでいる。イタリア人は、通行自由な国境を越えて、スイスの銀行に預金したり、そこから送金したりするのである。

ところで、シチリアの州都パレルモでは、一九八六年二月、「世紀の裁判」と言われる、マフィア四七四人に対する裁判が開始され、「要塞法廷」と呼ばれる特設法廷で、厳戒裡に続行された。一九八七年一二月、大部分の被告人に対する刑の言渡しが行われた。これにより、マフィアは、大打撃を受けたはずである。だが、「不死鳥のごとく」という言葉がピタリと当てはまるかのように、マフィアは、新しい親分・子分によって息を吹き返したと伝えられる。

（注）Bernasconi, Le recyclage de l'argent d'origine criminelle, Rev. internationale de criminologie et de police téchnique, vol. 34 (1981), no 1, p. 410.

（判例時報一三三二号、一九九〇年）

29　世紀のマフィア大裁判

＊「要塞」と呼ばれる特設法廷で行われた「世紀のマフィア裁判」は、史上例を見ず▼しかし、マフィアは、不死鳥のごとくよみがえった

一　ブシェッタの告白

イタリア・マフィアの根拠地シチリアの州都パレルモ（Palermo）で、「世紀のマフィア大裁判」とか、「世紀の裁判」とか呼ばれる裁判が行われた。

大裁判は、一九八六年二月二日に始まり、八七年一二月一六日に判決言渡しがあった。当初、被告人の数は、四七四人であったが、判決時には四五六人であった。二二カ月の裁判期間中に一八人減ったのは、病気や抗争により死亡したためである。

この裁判は、被告人の多いことのほか、証人一、三一四人、公判回数三五〇回という、イタリアでは史上最大のマンモス裁判であった。だが、それだけで「世紀の大裁判」と呼ばれるのではない。この裁判のために、「要塞法廷」と呼ばれる特別の法廷が、刑務所に隣接して特設されたからである。総工費二二億円（一説によれば、一〇〇億円）をかけたこの特設法廷は、半地下構造の建物であって、マフィアたちが迫撃砲で攻撃してきても破壊されることのない、まさに「要塞」と呼ばれるにふさわしいものであった。

一九九〇年ごろ、この大裁判の様子を記録した映画が、一時間にわたり、ＮＨＫテレビで放映された。その映画は、イタリア側から提供されたもののようである。映画では、装甲自動車、七〇〇人を超える

GENOVA
LUNEDI' 23 NOVEMBRE 1981

il buongiorno

Un giapponese visita le BR

Ieri mattina, è arrivato nella nostra città l'Avv. Tadashi Morishita professore di diritto penale nell'Università di Hiroshima, in Giappone; accolto dall'Avv. Gramatica assisterà con lui, questo alle ore 9, a una fase del processo alle Brigate Rosse a Palazzo di Giustizia. Alle 11.45 si recherà dal Sindaco Fulvio Cerofolini e, nel pomeriggio, visiterà l'Istituto di Medicina Legale all'Università di Genova ospite del Prof. Aldo Franchini.

広島大学の森下教授が「赤い旅団」の裁判を傍聴に来た旨を報道したジェノヴァ市の新聞(1981年11月23日)

警備兵によって厳重に警備される「要塞法廷」の外と内の様子が、如実に写し出されていた。最も衝撃的であるのは、被告人らが、二〇人とか三〇人のグループごとに大きな鉄格子の中に入れられて、裁判を受けていることである。ちょうど、動物園の虎や熊を入れる鉄格子の特大型を思い浮かべれば、間違いない。これは、マフィアの連中が武装襲撃してきても、被告人らを奪回することのできないようにしたのである。

この光景を現実に見ると、最初は一種のショックを覚える。わたくしは、一九八一年一一月二三日、イタリアのジェノア重罪法院で「赤い旅団」(Brigate Rosse)の裁判を傍聴した(このことは、翌日の新聞で報道された)。テロリスト「赤い旅団」の裁判は、日本では想像もできないほどの厳戒態勢の下で行われ、緊張に包まれたものであった。マフィア大裁判にあっては、恐らく「赤い旅団」の裁判を上回る厳戒態勢が敷かれたことであろう。

ところで、「世紀の大裁判」が始まった端緒は、マフィアのボスの一人トマッソ・ブシェッタ(Tomasso Buscetta)(五九歳)が、一九八四年七月から、マフィア犯罪を洗いざらい告白したことである。彼は、パレルモ中央組の頭領(親分)であって、南北アメリカ大陸に麻薬コネクション(麻薬密売組織)を作り上げた。だが、内部抗争により息子二人、弟ら六人の肉親が殺されるに及んで、彼は、世の無情を悟ったのか、マフィア同士の「仁義なき戦い」に嫌気がさしたのか、マフィアの組織、入門儀式、犯罪の手口などを捜査当局に告白を始めた。

ブシェッタは、驚くほど記憶力の良い男であるらしい。いつ、どこで、だれが、どういうふうにして殺人をやったということを、次から次へと告白した。その告白は、七〇〇人にのぼるマフィオーゾ（マフィア組員）の犯罪に及んだ。捜査当局は、この告白を手がかりにし、証拠固めをして、マフィオーゾの大量検挙を遂行した。

マフィアには、「オメルタ」（omertà）（沈黙）といわれる鉄の掟がある。「オメルタ」は、「絶対に口を割るな。口を割った者は、必ず報復（殺害）を受ける」という掟である。ブシェッタは、それを承知の上で、「告白」をしたのである。マフィアのボスであるブシェッタが驚くべき記憶力にもとづいてマフィアの組織と犯罪の全容を告白したことは、空前絶後ともいうべき歴史的な出来事であった。

シチリア島は、一九七〇年代後半から八四年にかけて「流血の島」と化した。七九年にパレルモ機動隊長ジュリアーノの殺害を皮切りに、八〇年には憲兵大尉の殺害、そして八二年には、マフィア退治の特命を受けた中央政府派遣の県知事ダラ・キエザ（Carlo Alberto Dalla Chiesa）将軍の殺害、八三年にはロッコ・キンニーチ予審判事の自宅前での爆殺という衝撃的事件が発生した。

こうした深刻な事態を前にして、一九六五年には「対マフィア法」（Legge 1965, n. 575. Disposizioni contro la mafia）が制定され、この法律は、一九八二年法律六四六号（いわゆるマフィア対策統合法）によって拡大強化された。そうした状況下にブシェッタの告白が始まったのである。

四七四人の被告人を一つの大法廷で裁く裁判は、それだけでも大変な事柄である。被告人の罪状のかずかずは、われわれの想像を超えるものである。その概要は、『マフィア。パレルモの裁判官の起訴状』(Mafia. L'atto d'accusa dei giudici di Palermo, a cura di Corrado Stajano, 1986, Editori Riuniti, Roma)という、約三六〇頁の書物として刊行されている。この書物における「裁判官」とは、予審判事のことである。

二　大裁判とその後

マフィオーゾ(マフィア組員)は、「名誉ある男」、「名誉の男」(uomo d'onore)と呼ばれる。その地位は、ひとたび取得すると、死をもってのみ終止する。つまり、足を洗って脱退することはできないのである。では、四七四人の「名誉ある男」は、どのように裁かれたか。

まず、重罪法院(corte d'assise)の判決裁判所を構成するのは、控訴院判事(裁判長となる)、地方裁判所判事一人および人民裁判官六人(うち、三人以上が男子であることを要する)の八人である。[1] ここで「人民裁判官」(giudici popolari)とは、参審裁判官のことである。

人民裁判官は、三〇歳以上六五歳以下のイタリア国民の中からくじで選ばれる素人裁判官である(重罪法院構成法九条)。この人民裁判官に選ばれた者は、悲壮な覚悟をすることを要する。マフィア組員に有罪判決を下せば、自分や家族が、報復(すなわち、死を意味する)を受けるかも知れないからである。

裁判は、週五日を原則にして開かれた。被告人を含む一、三一四人の証言は、コンピュータに入力され、一々照合された。資料文書のコピーは、九〇万枚に達した。判決文は、四〇巻、八、六〇七頁に達すると言われる。

前記の記録映画中、被告の一人が裁判長に向かって、「たばこを喫っている被告人がいる。私にもたばこを喫わせてください」と言い、これに対し、裁判長が「公判中、喫煙は禁止されています」と言って拒絶する場面がある。ところが、映画では、他の鉄格子に入れられている被告人の一人がゆうゆうと葉巻を喫っている場面が出てくる。看守が傍らにいても、この有様である。この葉巻を喫っているのは、マフィアの大ボスで「やみ将軍」の異名をもつルチァーノ・リッジョである。彼は、懲役一五年を求刑されていたが、裁判の結果、証拠不十分で無罪を言い渡された。

判決を受けた四五六人の被告人のうち、三四二人に有罪が、一一四人に証拠不十分などの理由により無罪が言い渡された。並居る大ボスは、ほとんどが無期刑（徒役ergastolo）の判決を受けた。「法王」の異名をもつミケーレ・グレコ（Michele Greco）、麻薬王のピエトロ・ヴェルネンゴ（Pietro Vernengo）らのゴッド・ファーザー一九人は、いずれも無期刑であった。有罪を言い渡された者の多くは、一〇年、一五年というような刑（二三年というのもある）であったようである。

世紀の「告白」をしたブシェッタは、懲役三年六月の言渡しを受けた。彼は、現在、米国にいると伝えられる。これは、一九八二年一一月九日の「伊米刑事司法共助条約」一六条にもとづき、米国における犯罪捜査または刑事訴訟における証人として被拘禁者を一時的に移送する制度（いわゆる被拘禁者の貸与の制度）が実施されたものである。ブシェッタは、米国における有名な「ピッツア・コネクション」（英語の発音では、ビザ・コネクション）（Pizza Connection）と呼ばれる麻薬取引組織事件の証人にもなっている。被拘禁者の貸与は一時的なものであるはずだが、ブシェッタは、米国で安全に暮らしているようである。

他方、「大裁判」で証拠不十分のため無罪を言い渡されたアントニーノ・チウッラは、釈放された翌日、家でお祝いをするため、ケーキを買って帰宅する途中、マフィアの殺し屋に襲われ、七発の銃弾を撃ち込まれて殺害された。同じ日に、他のマフィア構成員も同様に殺されている。

殺された者は、恐らく、オメルタ（沈黙）の掟を破って、捜査・司法当局に情報を提供し、その見返りかどうかわからないが、証拠不十分ということで無罪になったのであろうか。「名誉ある男」の掟を破った者は、死をもってその生涯を閉じる。マフィアは、それを実証したようである。

大裁判によって無期刑または有期懲役に処せられた者は、いま、特別厳重戒護の刑務所で刑に服しているであろう。イタリアでは、仮釈放の要件は、きびしい（例えば、無期刑については二六年経過後。刑法一七六条三項）。

大裁判の後、マフィアは、息をひそめるに至ったか。答えは、「否」である。

不死鳥とは、このことであろうか。マフィアは、「大裁判」後、反攻に転じた。カーポ（capo）（頭領）や副頭領が投獄されれば、若頭などの若手組員がその後を継ぐというように、世代交替をしながら、陣容の立て直しが行われた。なによりも、一方では、シチリアにはこれという産業もなくて若者の失業者は多く、他方では、麻薬犯罪などのマフィア・ビジネスは、巨額の収益をもたらすからである。

反撃に出たマフィア陣営は、マフィア撲滅を図る捜査・司法官憲らの殺害作戦を展開した。八八年一月には、元パレルモ市長ジュゼッペ・インサラコが、自動車で帰宅する途中、マフィアの殺し屋二人に襲われて、殺害された。その翌日、警官一人が殺された。彼らは、マフィアの背後事情を知っているので、口封じのため殺されたと見られている。「大裁判」のきびしい判決に満足していた国民は、改めてマフィアの凶暴さを知り、撲滅の道の遠いことを悟った。

マフィアの内部では、「大裁判」以後、ヘゲモニー争いのため、抗争殺人が相次いでいるようである。一九八九年上半期だけでも、マフィアがらみの事件で死亡した者の数は、四八〇人に達した。事態を重く見た首相は、「緊急事態」を宣言し、マフィア制圧のため全力を投入する意向を表明した。

マフィア対策立法としては、前記一九六五年の「対マフィア法」をはじめとして、予防処分法（一九五六年法律一四二三号）、マフィア対策統合法（一九八二年法律七二九号）などがあり、さらに刑法や刑訴法にも重罰主義と官憲の権限強化を盛り込んだ多くの規定がある。(2)

それらの法律およびマフィア制圧機構を最大限に活用して、現実のマフィア制圧闘争に勝つ以外にマフィア撲滅を期することは困難であろう。

（1）　森下『イタリア刑法研究序説』（一九八五年、法律文化社）一九四頁。
（2）　森下・前掲注（1）一七五頁以下参照。

（判例時報一三三六号、一九九〇年）

30 イタリアの新しい刑事訴訟法典

＊ 新憲法の理念を刑事訴訟の領域で具体化▼被害者も訴訟の主体▼予審制度を廃止し、予備審理の制度を新設▼弁護権を強化

一 大陸法系の新刑訴

一九八〇年代の終わりごろから、イタリアでは、刑事訴訟法に関する教科書、注釈書、モノグラフィーの刊行が相次いでいる。というのは、一九八八年一〇月二四日の官報で新しい刑事訴訟法典（Codice di procedura penale）が公布され、一年後の一九八九年一〇月二四日に施行されたからである。

この新法典は、一九三〇年に制定され、翌年九月一日から施行された刑事訴訟法典に完全に代わるものである。旧法典については、岡田朝太郎博士の訳による『伊太利刑事訴訟法典』（司法資料一九九号、一九三五年）が刊行されている。

旧法典は、六七五カ条から成るもので、典型的な大陸法型の職権主義構造のものであった。一九二二年には、ムッソリーニを中心とするファシスト革命が行われ、一党独裁の政体が樹立された。そのファシスト政権下に生まれた旧法典は、戦後、民主国家として生まれ変わったイタリアに適合しない多くの規定をもっていた。

一九四八年一月一日から施行された新憲法は、労働者の基本権を大幅に認めている――新憲法は「労働憲法」の別名をもっている――ことを初めとして、国民の基本的人権を強く保障している。憲法は、

第一部「市民の権利及び義務」第一章「市民的関係」（一三条から二八条まで）において、刑事に関しても強い人権保障規定を設けている。

そうなると、「古い革袋に新しい酒（ぶどう酒）を盛ることはできない」という諺のとおり、旧法典中の少なくない規定が、憲法違反ではないか、という批判を受けるに至った。現に、憲法裁判所は、数多くの規定につき、憲法違反の判決を下している。ちなみに、手許にある一九八二年版のジュフレ社（Giuffrè Editore）刊の『刑事訴訟法典』について見るに、違憲とされた条項は、七三に及んでいる。驚くべき数の違憲判決であるが、実際には違憲判決の数は、もっと多いであろう。というのは、現在公刊されている法典には、現行規定が載っているのであり、違憲判決を受けて改正された条項については、違憲判決が下されたことは記載されていないからである。言いかえると、上記七三の条項は、違憲判決を受けたにもかかわらず、改廃されることなく、形式上、存続している規定である。（注）

新しい刑訴法典を作成する作業は、一九六二年に「刑事訴訟法改正委員会」が司法省に設けられたことによって開始された。その後、一九七四年、ミラノ大学のピザピア（G. D. Pisapia）教授を長とする新委員会が設けられた。同委員会は、一九七八年、「刑事訴訟法草案」を作成した。このころから、イタリアでは、刑訴法の領域に関する著書・論文が、多く公表されるようになった。

新法典は、憲法のみならず国際人権規約に盛り込まれた人権保障規定の精神を具現することに努めている。それのみならず、手続の簡素化、口頭弁論主義の採用、弁護権の強化など、多くの改革を含んでいる。

新法典は、七四六カ条から成る。その構成は、次のとおり。

第一部は、第一編「主体」（Soggetti）、第二編「訴訟行為」（Atti）、第三編「証拠」、第四編「保全処分」（Misure cautelari）から成る。第二部は、第五編「予備取調べ及び予備審理」（Indagini preliminari e udienza preliminare）、第六編「特別手続」、第七編「公判」、第八編「簡易裁判所における手続」、第九編「上訴」、第一〇編「執行」、第一一編「外国当局との司法関係」から成っている。

ここで「主体」というのは、刑事訴訟の主体のことであって、裁判官（第一章）、検察官（第二章）、司法警察（第三章）、被疑者・被告人（第四章）、付帯私訴当事者（第五章）、被害者（第六章）、弁護人（第七章）を指す。この構成は、ヨーロッパ人権条約六条に係る、ヨーロッパ人権裁判所の裁判にイタリアの訴訟構造を適応させるためになされたもののようである。

主体の中に「被害者」が含まれるのは、やや意外の感がしないではない。九〇条（被害者の権利及び権能）は、「被害者は、本法で明文をもって認める権利及び権能を行使するほか、どの手続段階にあっても、メモを提出し、かつ、破毀院の訴訟を除いて証拠方法を指示することができる。」と規定する（一項）。被害者は、その権利・権能を行使するため、私選弁護人を依頼することができる（一〇一条）。

弁護人には、私選弁護人（difensore di fiducia）（九六条）と国選弁護人（difensore di ufficio）（九七条）とがある。イタリアでは、テロリストやマフィアの裁判の弁護人は、弁護の仕方次第では、被告人グループから脅迫されたり、報復されたりする可能性がある。当然、弁護を放棄し、または国選弁護人になることを拒絶する者が出てくる。それらの弁護人は、弁護士会により懲戒される（一〇五条一項）。ただし、放棄・拒絶が正当な理由ありと認められるときは、この限りでない（同条三項）。

（注）　森下『イタリア刑法研究序説』（一九八五年、法律文化社）三五頁。

二　新法典の特色

新法典のうち、特徴的と思われる制度の一端を紹介しよう。

新法では、「役割分担の原則」と「手続段階の分配の原則」が基本的原則とされている、と言われる。前者（役割分担の原則）は、裁判官、検察官および弁護人側が訴訟の主体として、それぞれ役割を分担するということのようである。検察官と弁護側は、法廷活動を交互尋問（cross examination）の方式で、対等に攻撃・防衛を行う。文献にcross examinationという英語が用いられているのは、英米法の影響があるからであろう。

後者（手続段階の分配の原則）は、(a)検察官による取調べ、予備審理および公判という、発展段階に応じて手続構造を、できるだけ被疑者・被告人の権利擁護のためのものにすることをねらいとするもののようである。ここで注目すべきは、旧法における予審判事（giudice istruttore）の制度が廃止されたことである。

さて、捜査の重要な端緒は、犯人の現行犯逮捕である。現行犯（三八条）の場合には、(a)五年以上の懲役にあたる罪等については、義務的逮捕（三八〇条）、また、(b)それ以外の罪については任意的逮捕（三八一条）が規定されている。

特色のあるのは、被疑者のフェルモ（fermo）（三八四条）――旧法二三八条が改正されている――という制度である。fermoは、フランス法のガルダ・ヴュー（garde à vue）に相応する。わたくしは、かつてこのイタリア語を「検束」と訳したが、その後、「警察留置」と仮に改めた。フェルモがガルダ・ヴューに相応するものであれば、「警察留置」という訳語も可能だと考えたからである。

逮捕または警察留置された者は、四八時間である（三九〇条）。

逮捕または警察留置された者は、身柄拘束の直後から弁護人と接見する権利を有する（一〇四条二項）。勾留されている被疑者・被告人は、勾留の初めから弁護人と接見する権利を有する（同条一項）。この権利は、無制限のものであるように見える。

未決勾留（custodia cautelare）の期間については、場合を分けてくわしく規定されている（三〇三条）。一例を挙げれば、六年以下の懲役にあたる罪については三カ月、二〇年以下の懲役にあたる罪については六カ月、無期または二〇年を超える懲役にあたる罪については一年である（一項a号）。この期間は、一・五倍まで更新可能である（三〇五条）。ここで注意すべきは、この未決勾留の期間は、起訴前勾留の期間であることである。旧法二七二条（未決勾留の期間）に比べると、新法三〇三条の規定は、かなり整理されている。

勾留中の被疑者は、検察官による予備取調べ（indagini preliminari）を受ける。この取調べの最高期間は、原則として一八カ月（四〇七条一項）、重大な犯罪（現行犯の逮捕が義務的とされている罪など）については二年である（同条三項）。

予審制度に代わるものとして、予備審理（udienza preliminare）の制度が設けられた（四一六条以下）。予備審理は、予備審理判事によって、非公開で、検察官および弁護人の出席の下に行われる。この審理では、裁判官は、検察官および弁護人から提出された証拠を検討したうえ、公判に付する決定または不訴追の決定（sentenza di non luogo a procedere）をする（四二四条、四二五条）。

旧法の予審にあっては、予審判事は、一種の訴追官的役割を果たしたが、新法における予備審理判事は、中立的審判者の性格をもつものとなったようである。予備審理の制度は、検察官に起訴・不起訴の権限を完全に委ねるよりも公平だと考えられているのであろうか。

新法典は、第三編「証拠」(Prove)（一八七条〜二七一条）において、人証と物証の収集、証拠能力に関する規定を設けている（ただし、わが国の刑訴法におけるほど詳細な証拠規定が置かれているわけではない）。その中で次の二つの規定は、注目される。

(1)　第一九一条（違法に収集した証拠）第一項「法律の定める禁止に違反して収集した証拠は、使用することができない。」

(2)　第二〇〇条（業務上の秘密）は、わが刑訴一四九条と同様に、業務上知り得た秘密についての証言拒絶権を規定している（一項）。問題は、報道関係者が取材源について証言拒絶権を有するか、である。新法典は、明文をもってこれを肯定する。ただし、その証言が犯罪の立証に不可欠であるときは、裁判所は、取材源を明らかにすることを命ずる（同条三項）。

イタリアでは、かねてから、報道関係者に取材源についての証言拒絶権を認めることを内容とする刑訴法一部改正案が作成されていた。新法典は、それを採り入れたのである。

イタリア刑法は、刑罰と保安処分の二元主義を採用している。保安処分は、法律の定める場合に、無罪判決 (sentenza di assoluzione) と同一の判決で言い渡される（刑訴五三〇条四項）。保安処分の言渡しだけを求める独立手続は、見当たらない。

イタリアには、刑罰および保安処分の執行を監督する任務を負う監督裁判官(magistrato di sorveglianza）と監督裁判所（tribunale di sorveglianza）の制度がある（六七七条）。監督裁判所は、国法上の意味の裁判所ではなくて、訴訟法上の意味の裁判所ともいうべきものであって、控訴院の一つの部を構成する（一九七五年法律三五四号「行刑法」七〇条参照）。監督裁判所は、監督裁判官のした決定に対する不服申立てについて審理・決定するほか（六七八条以下）、仮釈放の許可・取消し（六八二条）など、重要な権限を有する。なお、行刑法七〇条参照。

（判例時報一三四八号、一九九〇年）

31　イタリアのマネー・ロンダリング罪

＊　マフィアによる薬物犯罪、恐喝、企業犯罪等から得た不正収益の洗浄を厳重処罰し、収益を没収することをめざす

一　マフィア型犯罪防止法

「森下先生、イタリアに行かれる機会があれば、マフィアの親分に会ってみませんか。ご紹介しますよ。」

一九九〇年の秋、東京で開かれたある会合で、ある紳士から、こう言われた。その人は、東京にある某大学の研究員S氏である。S氏は、先般、イタリアのシチリア島でマフィアの親分に会い、英語で話をしたそうである。S氏によれば、森下先生のような人物こそマフィアの親分に会ってみるべきだ、というのである。そう言われると、「一度、マフィアの親分に会ってみるか」という気になる。

さて、イタリアは、マフィア発祥の地だ。この「マフィア」(mafia)という言葉は、このごろ拡大されて用いられているように見える。「麻薬マフィア」(drug mafia)、「国際マフィア」などというのが、それである。そこでは、「マフィア」は、イタリア＝マフィアやアメリカン・イタリア・マフィアに限られず、掟のきびしい組織犯罪集団を意味する言葉として用いられているようだ。

これらマフィア型集団の最大の資金源は、薬物の不正取引である。その不正取引に係る一連の行為を国際的規模で制圧するために、一九八八年一二月、オーストリアのウィーンで、国連のいわゆる麻薬新

条約（正式名称は「国連麻薬及び向精神薬の不正取引防止条約」）が採択された。

マフィアの祖国イタリアでは、一九三〇年の現行刑法四一六条で犯罪的結社の罪が設けられた。そこでは、数個の犯罪を犯す目的で三人以上で構成される結社が取締りの対象とされる。ところが、マフィアは、一九五四年ごろから急激に変質し、企業家としての新マフィア（mafia nuova）が登場した。合法企業を表看板とするマフィアを「数個の罪を犯す目的」で（allo scopo di commettere più delitti）構成された結社と認定することは、困難である。そこで、一九八二年九月一三日法律六四六号（いわゆるマフィア対策統合法）で、刑法四一六条の二としてマフィア型結社罪が創設された。(1)

わが国でも、今や「ヤクザ」（yakuza）の名称で世界的に知られるようになった暴力団は、金融業、不動産業、建設業、サービス業等の分野に進出し、「新ヤクザ」と呼ばれる「暴力的組織」に変容をとげた。新ヤクザの壊滅を期する暴力団新法を制定するには、イタリアの立法に範をとる必要があろう。

不死鳥のごとくよみがえった新マフィアを制圧するため、イタリアの一九九〇年三月一九日法律五五号「マフィア型犯罪防止法」（以下「九〇年法五五号」という）は、刑法典に必要な一部改正をほどこしたほか、マフィア型犯罪等の防止のための強力な施策を盛り込んでいる。

本稿では、さし当たり、刑法典の一部改正について紹介する。

つとに、一九八一年一一月二四日法律六八九号（いわゆる刑罰制度改正法Modifiche al sistema penale）は、刑法三二条の二（法人又は企業の事業所の一時閉鎖）、三二条の三（行政官庁との契約の無資格）および三二条の四（行政官庁との契約無資格が有罪判決から生ずる場合）を追加した。

これは、きびしい立法である。九〇年法五五号は、刑法三二条の四に列挙する罰条に「第四一六条の二」を追加した。改正された三二二条の四は、次のとおりである。

第三二二条の四（行政官庁との契約無資格が有罪判決から生ずる場合）

企業活動の不利若しくは有利に、又は方法のいかんを問わず請負い活動との関係において犯された第三一七条（賄賂強要）、第三一八条（職務行為に関する収賄）、第三一九条（職務上の義務に違反する行為に関する収賄）、第三二〇条（公の業務担当者の収賄）、第三二一条（贈賄者に対する刑）、第三五三条（競売の自由の攪乱）、第三五五条（公共の供給契約の不履行）、第三五六条（公共の供給の詐害）、第四一六条（犯罪的結社）、第四一六条の二（マフィア型結社）、第四三七条（労働災害に対する用意物件の故意の撤去又は放置）、第五〇一条（公市場又は商業取引所における価格の欺罔的つり上げ又は引下げ）、第五〇一条の二（市場の投機的操作）及び第六四〇条第二項第一号（国その他の公共団体に対する詐害）の罪による有罪判決は、行政官庁と契約する資格を失わせる。

マフィアは、建設業、運輸業、金融業等の分野にも進出しており、補助金詐欺、談合または脅迫による他業者の蹴落とし、不当利得をはじめ、請負建設における材料のごまかし、手抜きなどによって莫大な利得を挙げているといわれる。本条は、一定の罪により有罪判決を受けたマフィアを公共的性格をもつ業務から排除することを目ざしている。

第六四〇条の二（公共の割当ての達成による加重詐欺）

第六四〇条（詐欺）の行為が、租税、財政、共済組合その他名称のいかんを問わず、同種の割当て（erogazioni）に関するときは、国その他の公共団体又はヨーロッパ共同体から承認され又は割り当てられたかどうかを問わず、一年以上六年以下の懲役に処し、かつ、職権により訴追する。

ここでは、「加重詐欺」という罪名になっていることから察せられるように、普通詐欺罪、(六四〇条)の加重類型となっている。

(1) 森下「犯罪的結社の罪」判例時報一三六三号二〇頁参照。

二 マネー・ロンダリング罪

マフィアなどの組織犯罪集団の資金源を断つことは、言うは易く、行うに難い事柄である。彼らの手口は巧妙であるし、また、報復を恐れて集団の構成員も一般市民も口を割らず、官憲への被害届をしないからである。

とはいえ、できる限りのことはやる必要がある。そのためには、まず、資金源を断つための立法をすることである。九〇年法五五号は、次のように、刑法六四八条の二を修正し、六四八条の三を追加した。

第六四八条の二(資金洗浄)

犯罪の競合の場合のほかで、加重強盗(六二八条三項)、加重恐喝(六二九条二項)若しくは恐喝目的の監禁の罪(六三〇条)又は麻薬若しくは向精神薬の製造若しくは取引に関する罪から得た金銭、財産その他の利益を他の金銭、財産その他の利益と交換し、又は上記の罪から得たものの同一性の確認を妨げた者は、四年以上一二年以下の懲役及び二〇〇万リラ以上三〇〇〇万リラ以下の罰金に処する。[2]

前項の行為が業務の遂行に当たって犯されたときは、刑を加重する。

第六四八条最終項の規定を適用する。

この罪の名称は、イタリア語でriciclaggioとなっている。これは、英語のrecycleに相応する言葉であって、直訳すると、再生使用、つまり、リサイクル（riciclo）を意味する。実は、これは、英語のマネー・ロンダリング（money laundering）（資金洗浄）に相当する言葉である。

もともと、刑法六四八条の二は、一九七八年五月一八日法律一九一号のいわゆる重大犯罪防止法(3)によって追加された規定であって、その見出しは、「加重強盗、加重恐喝又は恐喝目的の監禁により取得した金銭又は価値の交換」という長いものであった。ここにいわゆる金銭又は価値の交換（sostituzione di denaro o valori）が、マネー・ロンダリングにあたるわけである。

イタリアでは、犯罪的結社による加重強盗、加重恐喝、恐喝目的の監禁（わが国の身代金目的の誘拐・監禁に相応する）の罪が犯されることが、しばしばである。そこで、一九七八年の重大犯罪防止法は、テロ行為の制圧をめざして資金洗浄罪を設けた。一九八八年に至り国連の麻薬新条約が採択されたので、九〇年法五五号は、同条約を批准するために、国内法の整備を意図したのである。

今回の改正により、本条一項には、「又は麻薬若しくは向精神薬の製造若しくは取引に関する罪から得た金銭……」の文言が挿入されたほか、「上記の罪から得たものの同一性の確認を妨げ」る行為も、新たに処罰の対象として加えられた。

第六四八条の三（不法に得た金銭、財産又は利益の利用）　犯罪の競合の場合並びに第六四八条〔盗品譲受け〕及び第六四八条の二〔資金洗浄〕に規定する場合のほかで、加重強盗、加重恐喝若しくは恐喝目的の監禁の罪又は麻薬若しくは向精神薬の製造若しくは取引に関する罪から得た金銭、財産その他の利益を経済活動又は財政活動において利用した者は、四年以上一二年以下の懲役及び二〇〇万リラ以上三〇〇〇万リラ以下の罰金に処する。

前項の行為が業務の遂行に当たって犯されたときは、刑を加重する。

第六四八条最終項の規定を適用する。

本条は、盗品譲受罪にも資金洗浄罪にも該当しないが、不法に得た金銭等を投資その他の方法で利用する行為を罰するものである。

本条の立法説明または解説を読まないとはっきりしたことは言えないが、現実には、盗品等に関する罪または資金洗浄罪の構成要件に該当しない方法で、不法に得た金銭等の利用がなされる可能性があるので、それらの利用行為を罰することにしたのであろう。

（2） 一リラは、現在、約一二銭である。

（3） 森下「イタリアの重大犯罪防止法」『イタリア刑法研究序説』（一九八五年、法律文化社）一八〇頁。
（判例時報一三七五号、一九九一年）

〔追記〕 一九九三年八月九日法律三二八号は、マネロン条約を批准するために、刑法六四八条の二（資金洗浄）等を改正した。本書二四二頁参照。

32 ヴァラキの告白

＊ ヴァラキは、米国における「コーザ・ノストラ」（マフィアの別名）の実態を命がけで証言し、全米に大きな衝撃を与えた。

一 米国マフィアの歴史

『ヴァラキの告白』という題のアメリカ映画が、戦後、わが国でも上映されたそうである。わたくしは、この映画を見ていないが、聞くところによると、かの有名な映画『ゴッド・ファーザー』にも劣らぬ、おもしろい映画だそうである。「告白」という言葉は、わが国では愛の告白を連想する人が多いかも知れないが、外国語では、犯罪（reatus, crime）や事実の自白・自認、宗教上の罪（peccatus, sin）の告白・ざんげ、信仰告白を意味するであろう。

それにしても、「ヴァラキ」とは、なんであろうか。実は、それは、アメリカ・マフィアの一人、ヨゼフ・ヴァラキ（Josepf Valachi）のことである。彼はイタリア人なので、その名前は、イタリア式に「ヴァラキ」と発音する。

一九六三年九月(1)、ヴァラキは、米国上院の組織犯罪調査特別委員会——これは、委員長キーファーヴァEstes Kefauverの名をとってKefauver Committeeと呼ばれている——において、アメリカのイタリア・マフィア（American-Italian Mafia）の実情について証言した。これが、ヴァラキ証言（Valachi's testimony, testimony of Valachi）といわれるもので、米国における組織犯罪対策上、歴史的ともいうことのできる重要なものである。上記の『ヴァラキの告白』と題する映画は、これを題材にしたもののようである。

ヴァラキ証言を紹介する前に、米国におけるマフィアの歴史を概観しよう。米国における組織犯罪の起源については、諸説があるようであるが、一説によれば、一九世紀の初めに見いだされる。

ところで、米国でマフィア（mafia）への関心がもたれたのは、一八九〇年にニュー・オルレアンズの警視ヘネシー(David Hennesey)殺害事件に始まる。容疑者として、「シチリア暗殺団」(Sicilian Assassination League）に属する一七人のイタリア移民が逮捕された。そのうち、七人が有力容疑者と見られたが、四人は陪審により無罪とされ、三人については誤判とされた。

このヘネシー暗殺事件とそれに続くイタリア人の私刑（リンチ）事件の後、世人のマフィアへの関心は、急速に薄れて行った。一九一八年から一九四三年までの二五年間に、「マフィア」という言葉がニューヨーク・タイムズ紙に登場したのは、わずかに四回であった。

この時期には、マフィアの活動は、地下潜行型であったのであろう。実は、禁酒法の時代(一九一七年—一九三三年)、マフィアは、酒の密輸・密売により莫大な収益を得たのである。一九二〇年代、シカゴの犯罪委員会（Chicago Crime Commission）およびシカゴ大学の社会学派がシカゴの組織犯罪の調査をしたが、あまり成果を挙げることができなかった。

一九五〇年、上院の上記委員会にキーファーヴァ(Kefauver)氏が委員長に就任するや、委員会は、全国の主要都市で組織犯罪に関する公聴会を開いた。公聴会は、テレビ放映された。その結果、「マフィア」についての世人の関心は高まった。しかし、米国における組織犯罪の性質と原因については、ほとんど明らかにされるに至らなかった。委員会は、マフィアの存在を立証することができず、単にその存在を推測しただけであった。米国の文献は、「神の存在と同様に、米国における組織犯罪の想像上の歴史は、立証されない仮定の上にほとんど基づくものであった」と述べている。(2) たしかに、神さまは眼には見えない。その神とマフィアとを対比しているところからすれば、一九五〇年代でも米国のマフィアは、巧みに隠密活動を続けていたのであろう。

実は、すでに一九三〇年代、米国のイタリア・マフィアは、各ファミリーの親分(capo)によって構成される最高委員会による集団指導方式を採用していた。その委員会は、ニューヨークの五大ファミリーの親分のほか、クリーブランドやシカゴのファミリーの親分によって構成されていた(委員会は、現在も存続している)。

一九五七年一一月一九日、六五人のイタリア人が、ニューヨークのアッパラキン(Appalachin)にあるバルバラ(Josepf Barbara)の家に集まった。連邦麻薬取締局のニューヨーク地区長は、これをマフィアの「首脳会議」(summit meeting)とにらんだ。一九五九年五月、この集会の参加者中、二七人が、集会の説明を怠ったゆえに司法妨害の謀議罪(conspiracy)で起訴され、三六人が、共同謀議者(coconspirators)とされた。同年一二月、全員が陪審によって有罪とされたが、一九六〇年六月、連邦控訴裁判所は、裁判官の全員一致で無罪とした。

この事件は、集会のあった場所の名を取って「アッパラキン事件」(Appalachin incident)と呼ばれている。

(1) この名前の発音を数人の英米人に尋ねたところ、「キーファーヴァァ」と発音するのがよかろう、ということであった。

（2） Albanese, Organized crime in America, 2nd ed., 1989, p. 46.

二　ヴァラキの証言とその影響

一九六三年九月、ヴァラキは、米国上院の政府活動委員会の常設調査小委員会(Permanent Subcommittee on Investigation of the Senate Committee on Government Operations) の前に現れて、米国全土にまたがる犯罪組織の存在について証言した。ヴァラキがアメリカ・マフィアのどの程度の地位にある者（中ボス?小ボス?）であったかは、手もとの文献からは明らかでない。

彼は、それ以前には米国政府側には存在を知られていなかったアメリカ・マフィアの活動と組織が存在することを語った。そんなことをしゃべれば、マフィアの「沈黙の掟」を破ることになり、報復（死の制裁）を受けることになるはずである。それにもかかわらず、彼が、口を割って証言したのは、なぜか。ヴァラキは、彼の親分の指令によって刑務所の中で殺されるにちがいない、と感じていた。彼は、殺されないために、裏切り的行動に出た一人の仲間を殺した。その犯行のゆえに死刑になるのを免れるため、また、マフィア組織による報復を感じてもいたので、彼は、連邦捜査当局に協力することに同意したのであった。

ヴァラキは、米国における組織犯罪集団のかずかずの活動と組織について証言した。それは、米国における組織犯罪の性質と規模についての新しい情報を提供するものであった。その証言内容は、次の二つに大別される。

(1)　カステランマレーゼ戦争（Castellammarese War）と呼ばれている、一九三〇年代前半に行われたイタリア系アメリカ・ギャング間の権力闘争

(2)　ラ・コーザ・ノストラ（La Cosa Nostra）と呼ばれる犯罪組織の存在

右の(1)に掲げた権力闘争というのは、イタリア系グループが一応の統一を見た後の、組織全体の主導権獲得のための戦いであった。

一九三一年、それまでマフィアのボスであったナポリ出身のマッセリーア(Josepf Masseria)が、Castellammarese del Golfo出身の新参者マランザーノ（Salvatore Maranzano）によって殺された。これが、「カステランマレーゼ戦争」と呼ばれる権力争いである。そのマランザーノも、五カ月後には、「ラッキー・ルチアーノ」（Charles "Lucky" Luciano）として知られるルチアーノ（Salvatore Luciano）によって暗殺された。

ヴァラキは、ニューヨーク市でくりひろげられた六〇件にのぼる殺害事件の詳細を証言した。しかし、犯人の名前を挙げることのできたのは、ごくわずかであった。

次に、(2)で述べた「ラ・コーザ・ノストラ」という言葉が初めて公にされたことは、重要な意味をもつ。このイタリア語は、「われらのもの」（「われら一族」というようなニュアンスもあろう）という意味である(laは定冠詞で、cosaは物、事柄を意味する)。現在では、その頭文字をとってLCNと略されて文献に出ることが多い。英語で "the Cosa Nostra" という言い方もなされている。

ヴァラキ証言によって、イタリア系アメリカ・マフィアの犯罪組織が全国規模で存在すること、およびその組織が、「マフィア」という名前から「ラ・コーザ・ノストラ」に変更されていることが明らかに

された。ちなみに、ＬＣＮが存在するとヴァラキが言った市は、ボストン、シカゴ、ニューヨークなど一二であった。一九八〇年、ＦＢＩの調査によれば、ＬＣＮが存在する市の数は、二三に達していた。ヴァラキ証言の内容は、上記の上院常設委員会から「組織犯罪とその麻薬不法取引」と題する公聴会議事録（Organized crime and its illicit traffic in narcotics: Hearings Part I. 88th Congress, 1st Session.）（一九六三年）に収められている、と伝えられる。そして、米国における組織犯罪を扱った文献によって、たびたび論及されている。それほど、ヴァラキ証言は、米国の法執行当局と国民に大きな衝撃を与えたようである。

キーファーヴァ公聴会やアッパラキン事件とは異なり、ヴァラキ証言は、米国において、より有効な方法で組織犯罪を制圧するための広汎な新しい立法を生んだ。たとえば、ワイヤー・タッピング（会話・通信の傍受、秘聴）の広い使用を許す立法、特別な大陪審の設置、証人のいわゆる刑事免責（immunity）の付与制度、一九六八年の「犯罪の統一的規制及び市街地の安全に関する法律」（Omnibus Crime Control and Safe Streets Act of 1968）、一九七〇年の「組織犯罪規制法」（Organized Crime Control Act of 1970）が制定されるに至った。

この中で最も重要な意味をもつのは、一九七〇年の組織犯罪規制法であろう。同法第九編として制定されたのが、有名なＲＩＣＯ法（いわゆるリコ法）である。ＲＩＣＯ法は、連邦法典（US Code）第一八編第九六章第一九六一条から第一九六八条に位置づけられている。これらの条文には、"Racketeer Influenced and Corrupt Organizations" という見出しが付けられているので、その頭文字を取って「ＲＩＣＯ法」と総称されている。

ＲＩＣＯ法は、わが国の新聞では、「集団暴力・腐敗組織法」などと訳されている。同法は、禁止される活動として(a)不法な資金によるエンタープライズ（enterprise）、すなわち、団体・企業の合法的な取得、(b)不法な手段による団体・企業の不法な取得、(c)団体・企業の不法な使用、の三つを挙げており、そのうち、(c)で組織犯罪そのものを違法としている。その違反に対しては、きびしい刑罰（二〇年、場合によっては無期の拘禁刑）のほか、不法取得財産の没収、団体の解散命令などの措置がとられる。

その後、一九八四年の「包括的犯罪規制法」（Comprehensive Crime Control Act of 1984）によって、ＲＩＣＯ法は改正され、刑事没収に関する規定が強化されている。

（判例時報一三八一号、一九九一年）

〔追記〕　米国ＲＩＣＯ法の全訳文（森下による仮訳）は、日弁連民事介入暴力対策委員会編『注解暴力団対策法——逐条解説と比較法研究——』（一九九七年、民事法研究会）三〇五頁以下に掲載されている。

33 イタリアにおけるマフィアと政治

＊イタリアの南部地方に第三のマフィアと第四のマフィアが誕生▼変貌するマフィア・ビジネスの実態

―ンドランゲータ

イタリアの国会には、「マフィア対策国会委員会」(Commissione Parlamentare Antimafia) という委員会が設置されている。

この委員会の正式名は、「マフィア現象その他類似の犯罪的結社に関する国会調査委員会」(Commissione parlamentare d'inchiesta sul fenomeno della mafia e sulle altre associazioni criminali similari) という。この名称からわかるように、俗に「マフィア」と言われているものには、狭義と広義の二通りがある。狭義の「マフィア」は、シチリア島を本拠とする組織犯罪集団である。この集団は、イタリアの対マフィア捜査局 (DIA) の文書では、「コーザ・ノストラ」(Cosa Nostra) と呼ばれている。これに対し、広義では、本来のマフィアのほか類似の組織犯罪集団を含めたものを指す。日本流にいえば、広義ののは「マフィア等」ということになろう。

国会の委員会は、マフィア現象等の調査、マフィア対策諸法の実現、立法上・行政上の対策の提案をするなどの任務を負うており、毎年、報告書を国会に提出する。イタリア図書の文献目録によれば、すでに四〇冊もの報告書が公刊されている。

一九九〇年二月、『イタリアにおけるマフィアと政治（一九八四―一九九〇）』（Mafia e politica in Italia (1984-1990)）と題する報告書が公刊された（Edizioni Associate, Roma）。この報告書（以下「報告書」という）は、第一部でマフィア的現象の分析をし、第二部で対策の改正点の提案をしている。

第一部には、一九八四年から八九年までにマフィア等によって犯された殺人、加重強盗、略取誘拐、恐喝などの犯罪につき、認知件数や逮捕件数が、州ごとまたは地域ごとに掲載されている。

これら犯罪の犯人は、マフィア（mafia）、カモッラ（camorra）およびンドランゲータ（'ndrangheta）である。このうち、カモッラは、ナポリで生まれて発達した、都市型の犯罪組織である。

ところで、'ndranghetaとは、なんであろうか。綴りの最初が'nとなっているのは、変だ。マフィア研究の大家である竹山博英教授は、「ヌドランゲタ」と書いている[注]。

イタリア図書専門輸入会社「文流」の西村暢夫社長を通じて、法学部出身のイタリア人に尋ねてもらったところ、'ndranghetaは、イタリア南部のカラブリア（Calabria）州（長ぐつの先にあたる地方）の方言であって、'nが付いているのが正しい綴りだそうである。発音は片仮名で表せば、「ンドランゲータ」というのが、本場の発音に近いらしい。でも、「ドランゲータ」（drangheta）という綴りと発音もあるようである。現に、そういう書名の本も出版されている（Francesco Amato, Drangheta (mafia), 1971, La Nuova Base)。

「ンドランゲータ」とは、カラブリア地方の方言で、「勇気ある男」を意味する。これは、ギリシャ語のアンドラガトス（価値ある男）を語源としている。

ンドランゲータの起源は、マフィアのそれによく似ている。ンドランゲータは、農村部で生まれたマフィア的組織で、第二次大戦まで、主として農村部で力を振るっていた。カラブリア州は、山岳地帯が多く、耕地は少ない。その上、不自然なほどの規模の大土地所有制が存在したため、農民は、つねに貧しさに苦しんでいた。その農民の不満を武力で押えつけるために、ンドランゲータは、存在した。

ところが、一九六〇年代の半ばごろから、ンドランゲータは、変身し、「第三のマフィア」(つまり、マフィア、カモッラに次ぐ犯罪組織)となった。彼らは、公共建設事業に食いこんで、しだいに都市へと進出を始めた。しかも、彼らは、「誘拐マフィア」と呼ばれているほど、組織的な誘拐が上手であった。一九七〇年以降、ンドランゲータは、次から次へと金持ちを誘拐し、法外な身代金を取ることに成功した。彼らは道らしい道のない山の中に人質を運び、無数にある洞窟に隠したので、警察は、手も足も出せなかった。

ンドランゲータは、誘拐で得た身代金を、巧みな方法で、またはマフィアを通じて「きれいな金」に換えた。さらに、ンドランゲータは、マフィアやカモッラと組んで、たばこの密輸や麻薬取引を行い、急速に富を蓄えて行った。彼らは、こうして蓄えた富を不動産や建築部門に投資し始めた。

ンドランゲータも、頭領を頂点とするピラミッド状の組織から成っている。いくつものファミリーが対抗している。それらのファミリー間に抗争が起きると、長期化し、多数のぎせい者が出る。これが、ンドランゲータの特徴である。そのゆえか、報告書によれば、カラブリア州は、殺人が、人口比においてイタリアで第一位を占めている。しかも、州都レッジョ・カラブリア (Reggio Calabria) では、抜群の殺人比率が示されている。

ところで、報告書には載っていないが、かのイタリア人の話では、数年前からプーリア (Puglia) 地方

（ナポリの東の方向で、アドリア海に面する地方）では、ヌオーヴァ・コローナ（nuova corona）（「新しい王冠」という意味）という名称の犯罪組織が登場し、しだいに勢力を得つつある、とのことである。このことは、全くの初耳である。彼らが「第四のマフィア」と呼ばれるようになるか、注目したい。

（注） 竹山博英『マフィア　シチリアの名誉ある社会』朝日選書（一九八八年）二四一頁以下。

二　マフィア・ビジネス

報告書には、「一九八四年から一九八九年までにイタリアで行われた重大犯罪」の統計表（A表）が載っている。

その中には、殺人、加重強盗などと並んで誘拐（略取誘拐）が載っている。が、誘拐の件数は、なんと年平均一四件程度である。実際の発生件数は、もっと多いと推測される。しかし、イタリアでは、誘拐が行われた場合、身代金を要求された側は、警察に届け出ないことが多い。警察が動くと、被拐取者の生命・身体が危い。犯人側が被拐取者の耳を切って家族に届け、「この次には生命を頂戴します。早くカネを出しなさい」と脅してきた例がある。家族側は、警察をあてにしないで、多額の身代金を支払って、被拐取者を解放してもらうことが少なくない。

という訳で、公式統計における暗数の問題を考えざるをえない。マフィア型結社の罪（刑法四一六条の二）に関する統計では、ふしぎなことがある。認知された者の数と被逮捕者の数とが、毎年、一致しているのである。たとえば、一九八八年には一、八三三人となっている。イタリアにおける重大事件の逮捕率（被認知者に対する被逮捕者の比率）は、毎年、二五％前後である。

マフィア型結社の罪というのは、マフィア、カモッラその他類似の犯罪組織に加入した者（三年以上六年以下の懲役）、それらの結社を発起・指揮・組織した者（四年以上九年以下の懲役）を罰するものである。マフィア等には、「沈黙」（オメルタ）の掟がある。この掟を破った者は、ファミリーから「死」の報復を受ける。だから、滅多なことでは口を割らないはずであるが、警察は、上記の罪で逮捕している。

被認知者の数と被逮捕者の数とが一致しているのは、なぜだろうか。恐らく、殺人・強盗・恐喝等の罪で逮捕された者が、警察で口を割ったのであろうか。口を割れば、「悔悟者」(pentiti)として刑の減軽・免除を受けることがある。

さて、マフィア、カモッラ、ンドランゲータおよびヌオーヴァ・コローナという四つのマフィア型結社が生まれ、活動している地域は、いずれもナポリから南の地方である。イタリアでは、豊かな「北」の地方と貧しい「南」の地方との格差が、あまりにも大きい。ナポリから列車で南に行けば、赤茶けた山はだが、しだいにひどくなる。つまり、長ぐつの先にたとえられる地方に近づくにつれて、山はだがあらわになる。

若者の多くは、移民として外国に行くか、犯罪組織に入るかの、いずれかを選ばざるをえない。報告書は、イタリア南部（Mezzogiorno）のこのような社会的・経済的事情がマフィア型組織を制圧する活動を困難にしていることを認めている。

一九八〇年代の後半以降、マフィアは、勢力を大きく伸ばした。報告書は、「マフィア・ビジネス」に相当するイタリア語として“mercato mafioso”という言葉を用いている。マフィア・ビジネスが繁昌したのは、イタリア全土にわたる政治的危機の存在に由来する。弱体化した政治に、マフィアは、巧みにつけ入った。マフィアは勢力を伸ばし、民主政治は弱体化した。報告書は、このことを率直に認めている。――もっとも、その後、イタリアの経済的繁栄は持続し、政治に明るさが出ているので、状況は変わっているかも知れない。

興味があるのは、マフィアとフリー・メーソンとの関係が深まっていることを報告書が指摘していることである。

フリーメーソン（Freemason）（イタリア語ではmassoneria）は、一七一七年にイギリスで結成された、世界市民主義的な自由主義の団体である。宗教的に寛容なため危険視され、迫害された。しかも、反カトリック教的であった。今日、「フリーメーソンは、秘密結社だ」と言う者は少なくない。なぜ、どのようにして、マフィアはフリーメーソンとの関係を発展させたのか。よくわからないが、報告書の叙述から察するに、フリーメーソンが秘密の集合所としているロッジ（loggia, logge）を、マフィアは、謀議の場所として使用させてもらったようである。マフィアが十分な謝礼をしたことは、容易に推測される。

さらに、マフィアは、暗黒のテロ組織とも手を結んだ。このことは、中南米の麻薬マフィアがテロ組織と連合戦線を形成しているのに似ている。テロ組織は、資金かせぎのためには、主義主張では相容れることのない麻薬マフィアと手を結んだ。麻薬マフィアは、官憲による取締りや攻撃から身を守るために、テロ組織を利用するのである。

事情は、イタリアでも似たようなものであるかも知れない。報告書は、フリーメーソンと手を結んだのと「同じ理屈で」、マフィアが暗黒のテロ組織と手を結んだ旨、記述している。

さらに、報告書は、次のように言っている。マフィア構成員は、全部で約一万九、〇〇〇人であって、そのうち、約四〇〇人が危険分子である。二人の頭領の逮捕が先決であるが、そのためにも警察力の強化が必要である。

看過することのできないのは、マフィア犯罪の被害者が、脅迫を受けてまたは孤独のゆえに損害賠償請求の訴えを放棄している実情である。これらの被害の救済策を講ずる必要がある、と。

（判例時報一三九〇号、一九九一年）

〔追記〕　プーリア州を根拠地とする「ヌオーヴァ・コロナ」と呼ばれる犯罪組織は、イタリアの一九九七年マフィア白書によれば、「聖なる王冠連合」を意味する「サクラ・コロナ・ウニタ」(Sacra Corona Unita)と名称を変更したようであり、その勢力は、二、〇〇〇人である。

34　イタリアのマフィア型犯罪対策立法

＊　企業家として変容をとげたマフィアが行う多様なビジネス犯罪▼それを制圧するために導入された注目すべき立法

一　予防処分法

最近、わが国で、イタリアのマフィア型犯罪を制圧するための諸法律について関心が高まっている。その主たる理由は、一九九一年、第一二〇国会で成立したいわゆる暴力団対策法（正式名称は「暴力団員による不当な行為の防止等に関する法律」）が翌年三月一日に施行されたのに伴い、イタリアの法制を研究しておきたい、ということのようである。

かつて私は、拙稿「イタリアのマフィア制圧立法」（駿河台法学二号、一九八八年）で、重要なマフィア制圧立法の解説をし、かつ、それらの立法の翻訳を載せた。思いもかけず、この拙稿が注目を浴びたらしく、「コピーを入手したい」という要望も相次いで寄せられている。

ところで、本書の**31**「イタリアのマネー・ロンダリング罪」に書いたように、一九九〇年三月一九日法律五五号「マフィア型犯罪防止法」(1)（以下「九〇年法」という）は、新マフィアを制圧するため、刑法典の一部を改正したほか、マフィア型犯罪防止のための強力な施策を盛り込んだ。

ここで「マフィア型犯罪」（delinquenza di tipo mafioso）とは、法律上の定義はないが、マフィアおよび類似の組織暴力集団が行う典型的な暴力的犯罪のみならず、企業家として変容をとげたマフィアらが合法企業を仮装して行う麻薬の不正取引、金融、建設、運輸、興業などの業種で非合法に収益をあげ、再投資などをしている各種の犯罪行為を指すであろう。最近では、刑法四一六条の二に規定する「マフィア型結社」による犯罪をもって「マフィア型犯罪」と捉える見解が、一般的である。

事実、彼らは、例えば、建設業に乗り出し、談合や脅迫による不正請負い、補助金・交付金等の横領・流用等を行っている。それらの行為を罰する法律はあっても、捜査は難航し、証拠収集の成果を挙げえないことが、十分予想される。そこで、イタリアでは刑事手続や行政的規制の領域につき、事こまかな法規定が設けられている。それらの法規定は、一連のテロ対策立法[2]にならったものである。

さて、九〇年法によって強化された主要なマフィア型犯罪対策立法のあらましをお伝えしよう。ここにいう主要な対策立法とは、(1)一九五六年一二月二七日法律一四二三号「安全及び公共道徳に対して危険な者に対する予防処分法」(以下「予防処分法」という)、(2)一九六五年五月三一日法律五七五号「対マフィア法」および(3)一九八二年九月一三日法律六四六号のいわゆるマフィア対策統合法である。

右の(1)の法律にいわゆる「予防処分」(misure di prevenzione)とは、前犯罪的な(つまり、罪を犯す以前の)行政処分およびそれを補強するための司法処分である。これについて注目すべきは、(a)予防処分の内容とされる自由と権利に対する制限範囲が広いこと、および(b)予防処分の違反が、単なる行政的制裁ではなくて自由刑に処せられていることである。実務ではこの予防処分の果たす役割が大きいであろう、と推測される。

予防処分には、(a)警察署長の発する警告(予防処分法一条)と帰郷命令(同二条)、(b)裁判所の命ずる特別監視(三条)の二種類がある。特別監視には、居住制限と義務的居住(これは、一種の島流しである)を付加することができる（三条）。

「警告」の対象とされうるのは、労働能力のある遊び人・常習的浮浪者、行状・生活水準のゆえに、部分的にせよ犯罪からの収入または恩恵によって常習的に生活しているとみなされるべき者等、かなり広い範囲の者であり（一条）、特別監視の対象とされるのは、「警告」にもかかわらず、行状を改めないで公の安全または公の道徳に対して危険である者である（三条）。

特別監視は、公安当局による監視である。その期間は、一年以上五年以下の間で、裁判所が定める（四条四項）。

（1）正式の名称は、「マフィア型犯罪その他社会的危険性のある重大犯罪の防止のための新法律」である。

（2）森下『イタリア刑法研究序説』（一九八五年、法律文化社）一七三頁以下。

二　対マフィア法とマフィア対策統合法

(一)　対マフィア法

対マフィア法は、マフィア、カモッラ等の犯罪集団に属する疑いのある者（以下「マフィア容疑者」という）の取締り、一定行為の処罰等を規定する強力な対策法である。

司法処分としての予防処分を行うためには、まず、マフィア容疑者の生活水準・所得・財産、経済活動の調査を行う必要がある。この調査は、検察官または警察署長が税務警察または司法警察を介し、またはその協力を得て行う（同法二条の二第一項）。この調査は、容疑者が免許、営業の許認可、資格を得ているか、公共事業の請負業者名簿に登録されているかどうかについても行われる（同条二項）。しかも、この調査は、配偶者、子供、最近の五年間に容疑者と同居したことのある者、それらと関係のある者や団体にまで及ぶ（同条三項）。

検察官または警察署長は、没収（後述）の対象物が処分される具体的危険があるため、没収不能となるおそれがあるときは、管轄裁判所の長に対し、〔予防処分の〕裁判前にその財産の事前差押えを申請することができる（同条四項）。保全処分ともいうべき事前差押えの制度は、九〇年法によって導入された。

財産状態等の調査の結果、開始された予防処分手続の対象者（すなわち、マフィア容疑者）の財産が不法な活動から得たもの、またはその再投資によって得たと思料するに足る十分な証拠があるとき、裁判所は、その財産の差押えを命ずる（二条の三第二項）。

裁判所は、予防処分を適用するに当たり、合法的な出所が示されなかった差押物件の没収を命ずる。複雑な調査の場合には、差押えの日から一年以内（さらに、一年間、更新可能）に、没収を命ずることができる（同条三項）。

予防処分が適用されることあるべき者が所在不明のとき、または国外にいるときにも、所定の要件を具備する財産につき、保全処分をすることができる（同条七項。九〇年法により追加）。

対マフィア法は、予防処分を適用されている者が一定の刑法犯（例えば、公務執行妨害、競売の自由の攪乱、犯人庇護、恐喝等）を犯した場合につき刑の加重を規定している（七条一項）。また、予防処分を適用されている者が一定の刑法犯を犯した場合には、現行犯でなくても逮捕が許されるし（同条二項）、収容保安処分（自由剝奪を伴う保安処分。刑法二一五条以下）が、刑に併科される（同条三項）。

九〇年法は、対マフィア法一〇条を大幅に改正し、許認可等の取消し、資格の剝奪を強化した。

まず、予防処分を適用された者は、免許、営業・工事等に係る許認可、公共事業等に係る許認可、名称のいかんを問わず、企業活動を行うための許認可・資格等を剝奪され、また、企業活動を行うための補助金、融資等の受給資格などを剝奪される（一〇条一項）。

次に、予防処分を適用された者は、官庁関係の請負（下請負を含む）契約、信託契約、納入契約、運送契約を結ぶことを禁止される（同条二項）。

裁判所は、予防処分を適用された者と共同生活を営む者についても、さらに、予防処分を適用された者が管理・経営する企業、結社、団体に対しても、第一項および第二項の禁止と権利剝奪が及ぶことを決定する。その場合、禁止は、五年間、効力を有する（同条四項）。

このように見ると、予防処分の適用は、被処分者にとって、行動面、生活面、事業活動面等において実に大きなダメージを与えるものであるように見える。合法企業を仮装するマフィア・ビジネスが巧妙に行われている実情に照らして、あらゆる角度からの規制と犯罪対策が講ぜられているのであろう。対マフィア法は、実際に大きな成果を挙げているそうである。

(二)　マフィア対策統合法

この法律は、刑事法の分野で、マフィア型結社罪（刑法四一六条の二）の創設を初めとする重要な改正を行った（本書一七四頁、二三四頁以下参照）。本法は、「財産的性格の予防処分」を導入したところに特色をもっている。ここで「財産的性格」というのは、一九五六年の予防処分法で導入した予防処分が対人的性格のものであるので、それに対比する意味をもつであろう。

財産的性格の予防処分に関する規定（第二章）のうち、重要な意味をもつ第一六条〔通信の傍受〕および第二一条〔請負契約の無断譲渡〕について紹介しよう。

すでに、テロ対策としては、一九七四年四月八日法律五八号と一九七八年五月一八日法律一九一号の重大犯罪防止法とは、司法警察官による電信・電話の阻止、中断および傍受を認めていた。(3) マフィア対策統合法は、これら二法律の基本線を承継した。

それによれば、傍受が行われるべき地の検察官は、一九五六年法律一四二三号〔予防処分法〕三条の予防処分を適用された者が、予防処分の適用をなさしめるに至ったのと類似の活動又は行状を続けないように監視するために必要であると思料するときは、電話・電信による通信・会話または電話・電信によらない通話・会話（刑法六二三条の二）を傍受することを許すことができる（一六条一項）。

この傍受に関しては、刑訴二二六条の三（電信・電話の阻止・中断・傍受の許可）(4) および二二六条の四（電信・電話の阻止・中断・傍受の措置の遂行）一項・二項・三項・四項に定める態様によるものとされる（同条二項）(5)。

傍受によって得たものは、もっぱら証拠の収集のためにこれを利用することができるのであって、訴訟の目的のためには、なんらの価値も有しない（同条三項）。これは、証拠能力を有しないことを意味する。

本法では、テロ犯罪の制圧をめざす重大犯罪防止法の場合とは異なり、電信・電話の阻止・中断を許可する権限は認められていない。

なお、検察官が傍受を許可する権限を有することに疑念をいだく人がいるかも知れないが、イタリアでは、検察官も憲法上の「司法官憲」（autorità giudiziaria）に含まれているのである。

行政官庁に関する工事の請負契約をした者が、権限を有する当局の許可を得ないで、下請契約または労務契約により、事実上にもせよ、その契約の全部または一部を譲渡したときは、一年以下の拘役および契約総額の三分の一に等しい科料に処する。下請契約または労務契約の相手方も、同様の刑に処する（二一条）。

これは、いわゆるトンネル会社を利用した脱法的契約を禁止・処罰するものであろう。

（3）　森下・前掲注（2）一八七頁以下。

（4）　森下・前掲注（2）一八九頁以下。

（5）　この刑訴の条文は、一九八八年九月二二日の新刑訴二六七条および二六八条になったものと思われる。

（判例時報一四〇五号、一九九二年）

35　反マフィアの戦い

＊　マフィアに暗殺された司法官らの妻たちは、「反マフィアの戦い」のために立ち上がって、困難な戦いを続けている

一　マフィアの帝国

『マフィアの帝国』と題する翻訳書が、一九九一年の暮、ＪＩＣＣ出版局から出版された。原書は、『一九五〇年から今日までのマフィアの日常生活』(Calvi, La vie quotidienne de la mafia de 1950 à nos jours, 1986, Paris) である。

この書は、三〇人ほどのマフィアの悔悟者（改悛者、転向者）(pentiti) が、数年にわたり捜査当局や司法当局にマフィアの内幕を告白した事実をもとにした、驚くべき記録である。悔悟者とは、マフィアにとってはオメルタ（沈黙の掟）を破った裏切り者にほかならない。掟を破った者を待っているのは、死の制裁である。それゆえ、彼らは、当局に対して身の安全の保証を求める。

この本の中でわたくしの注意を惹いたのは、酸（死体溶解剤）のことである。「誇り高き男たち」と言われるマフィアは、対立者、命令の不服従者、縄張り荒らし、裏切り者を遠慮なく殺す。問題は、その死体の処理方法である。その一つは、明るい栗色をした酸（濃硫酸?）が二〇〇リットル入った巨大な容器に死体を投げ込んで溶かす方法である。この書には、この場面が、何回か登場する。良質の酸だと、死体を完全に溶かしてしまうようである。

一九八三年六月、わたくしは、アドリア海に面した、一二世紀の美しい古城グラダーラの城を訪れたことがある(『刑法の旅1』二三七頁以下参照)。この城の拷問部屋と法廷は、当時のまま残されている。拷問部屋の奥には、処刑された者の死体を酸で溶かす水槽のような物があった。死体を焼くと煙が出て人に知られるので、このような秘密の死体処理方法が、一二世紀のころから実施されていたのであった。死体を溶かす処理方法は、イタリア伝統のものであろうか。

さて、一九八六年二月、いわゆる「マフィア大裁判」が、パレルモの〝要塞法廷〟で始まった。この裁判のきっかけとなったのは、かのトマソ・ブシェッタ(マフィアの親分であった)が当局にした「世紀の告白」である。

そのブシェッタの尋問をしたのが、ジョヴァンニ・ファルコーネ(Giovanni Falcone)予審判事であった。一九八四年七月に始まったブシェッタの証言は、一カ月以上に及び、それによって、それまで秘密のヴェールに覆われていたマフィアの内幕は、ほとんどあばき出された。ファルコーネ予審判事は、マフィアの内幕に最も精通し、しかも「イタリアの良心」と呼ばれるほど、マフィアに買収されることなく職務に全力を尽した。彼は、司法省刑事局長の要職に就き、マフィア制圧作戦の指揮を執ることになっていた。

ファルコーネ局長は、マフィアにとっては最大の敵であった。彼は、一九九二年五月二三日、ローマから秘密機でパレルモ空港に着き、市内に向かった約十分後、道路下を通る排水管に仕掛けられた一トン爆弾の爆発によって、妻、警備の警官三人とともに死亡した。

ファルコーネ爆殺事件は、シチリア島民の多くをかつてない不安と怒りに駆り立てた。それから二カ月も経たない七月一九日、やはりパレルモで、マフィア摘発の最高責任者であるパオロ・ボルセリーノ検事が乗った車が爆発し、同検事と、護衛に当たっていた五人の警察官が死んだ。

最有力司法官の相次ぐ暗殺は、イタリア国民に、かつてない衝撃を与えた。政府は、マフィア対策緊急措置を進めるため、一九九二年六月八日の緊急政令（decreto-legge）三〇六号を制定した。この緊急政令は、憲法七七条二項にもとづき法律の効力を有するが、その公布後六〇日以内に法律に転換されなければ初めからその効力を失う（同条三項）。

一九九二年八月七日法律三五六号は、「新刑事訴訟法及びマフィア犯罪に対する手続の緊急改正法」という名称をもつ。これは、前記の緊急政令を修正付きで法律に転換したものである。仮に、この法律を「マフィア犯罪緊急対策法」と呼ぶことにする。

この法律は、全部で二九カ条から成るが、刑訴法、刑法、行刑法、対マフィア法（一九六五年法律五七五号）等に重要な一部改正をほどこしたものであって、官報（B4版）で一九頁にわたる分量のものである。

二　相次ぐ対策立法

一九九二年のマフィア犯罪緊急対策法のうち、刑法典に関係する部分では、刑法四一六条の二第三項で、「マフィア型結社」（associazione di tipomafioso）の定義が修正されたこと、四一六条の三が追加されたことが注目される。

第四一六条の二（マフィア型結社）

③　マフィア型結社とは、その構成員が罪を犯すため、経済活動、払い下げ、許認可及び公の請負いを直接若しくは間接に管理し、若しくは支配をするため、若しくは不正の利益を得若しくは他人に得させるため、又は選挙の際に投票の自由な行使を妨げ、若しくは自己若しくは他人に投票をさせる目的で、結社組織の威嚇力並びに服従及び沈黙の掟を利用したときの結社をいう。[1]

第四一六条の三（**選挙における政治家とマフィアとの結託**）

第四一六条の二第一項に規定する刑は、金銭を供与する代わりとして第四一六条の二第三項に規定する投票の約束を得た者にも適用する。

これにより、結託罪の法定刑は三年以上六年以下の懲役となる。このような刑法典の一部修正と結託罪の新設は、マフィアと政治家との癒着がかなり進行していることを物語るであろう。

このほか、緊急対策法は、刑法六四四条（暴利）の法定刑を引き上げるとともに、六四四条の二（不当な暴利）を追加した。[2]

刑訴法の関係でも多くの重要な改正が行われているが、眼につくのは、通信の傍受（intercettazioni）に関する捜査当局の権限を拡大したことである（刑訴二九五条三項の二〔追加〕、一九九一年法律二〇三号一三条一項における追加）。

対マフィア法（一九六五年法律五七号）の関係では、第二条〔予防処分の申請権の拡大〕が全面改正されたことが、重要である。

第二条①　第一条に記載する者〔マフィア型結社に属する疑いのある者〕に対し、対マフィア検察官、〔予防処分の〕対象者の居住する郡の管轄裁判所所属の検察官又は県警本部長は、予防的警告がなされないときでも、一九五六年一二月二七日法律第一四二三号（予防処分法）第三条第一項及び第三項に規定する公安当局による特別監視、又は住居若しくは常居所のある市町村における義務的滞在の予防処分を申請することができる。

（二項と三項は、省略）

ここでは、「予防的警告がなされないときでも」という文言が、重要な意味をもっている。予防処分（misure di prevenzione）は、マフィア予備軍またはマフィア容疑者ともいうべき者に対する半行政的＝半司法的処分であって、実際に強力な予防効果を挙げている。

マフィア犯罪緊急対策法は、マフィア型犯罪に対して効果的予防を図るため、同法二五条の三（予防的傍受）と二五条の四（予防的滞在）を設けた。前者は、予防活動のため、及び刑法四一六条の二（マフィア型結社）、六三〇条（身代金目的の誘拐）などの罪に係る通報のために必要であるとき、会話その他の通信の予防的傍受を許すことができるとした。後者は、マフィア型結社の活動を容易にするために準備していると思料される者に対する予防的滞在（soggiorno cautelare）（原則は一年、更新可能）の制度を新設した。

イタリアでは、マフィア制圧立法として、本書二二五頁以下で紹介した一九九〇年法律五五号（マフィア型犯罪防止法）以降、一九九一年一一月八日法律三五六号、同年一二月三〇日法律四一〇号が制定された。後者は、組織犯罪対策全国評議会やマフィア対策捜査局（ＤＩＡ）の設置を決めたものである。

ついで、一九九二年二月一八日法律一七二号（恐喝被害者救済基金設立法）は、マフィア型犯罪の被害者を救済するため「恐喝被害者連帯基金」（Fondo di solidarietà per le vittime dell'estorsione）を創設した。

シチリアの「要塞法廷」後方の鉄柵の中にマフィアの被告人らを入れて、審理したした。1992年4月に日弁連民暴委員会視察団が、この法廷を見学した。

テッラノーヴァ夫人と日弁連民暴委員会視察団（パレルモのホテルで）

これら一連のマフィア制圧立法を通覧して感じることは、マフィア型犯罪集団（マフィア、カモッラ、ンドランゲータ等を含む）が悪質巧妙な方法で蓄えた資金をさらに悪用していかに政界と財界に深く食い込んでいるか、そして、その制圧を期するのは容易なことではない、ということである。これは、対岸の火事のように、他国の出来事だと看過しえない事柄ではなかろうか。最近のわが国で暴力団が政界・財界といかに深く癒着しているかを見れば、この危惧は、真剣に受けとめるべきものであろう。

今年四月二四日から五月三日にかけて、日弁連の民暴（民事介入暴力対策）委員ら二八人は、マフィア犯罪とその制圧立法の実情とを調査するためイタリアにおもむいた。視察団（団長・宮崎乾朗弁護士）は、イタリア司法省・内務省等から説明を受け、さらにシチリア島でかの「要塞法廷」を見学した。

視察団は、「うかうかしていると、日本は、イタリアの二の舞いになるのではないか」という危機感をひしひしと感じたようである。視察団は、ローマで司法省刑事局長ファルコーネ判事に会って、マフィア大裁判の様子などを聞いたのであるが、帰国から三週間後、「ファルコーネ氏爆殺される」の悲報を受けて、大きなショックを受けたようである。

視察団は、シチリア島で反マフィア女性協会会長のジョヴァンナ・テッラノーヴァ（Giovanna Terranova）夫人に会い、話を聞いた。夫人の夫チェーザレ・テッラノーヴァ検事は、マフィア訴追の第一線に立って大きな業績を挙げていたが、一九七九年九月二五日、自宅の前でマフィアに殺害された。

これを契機として夫人は、マフィアに夫を殺された未亡人たちに呼びかけ、反マフィア運動の先頭に立った。彼女は、「マフィア闘争のためのシチリア女性協会」を組織し、その会長となり、困難な戦いを続けている。

日弁連は、一九九二年九月、テッラノーヴァ夫人を日本に招待した。夫人は、東京、大阪、札幌で開かれた「反マフィア運動と民暴対策」の集いで、「イタリアにおける反マフィア運動」について、格調の高い講演をした。涙を押えて淡々と語る夫人の一語一語に、聴衆は、心を打たれた。そして、わが国における暴力団対策の立ち遅れを痛感したことであった。

夫人の名前「テッラノーヴァ」は、「新しい大地」を意味する。夫人の来日と講演は、日本における組織犯罪対策を強力に前進させる「新しい大地」となるであろう。

（1）　ここでは、「又は選挙の際に……させる目的で」が追加された。

（2）　刑法六四四条（暴利）は、その後、一九九六年三月七日法律一〇八号によって修正され、六四四条の二（不当な暴利）は、同じ法律によって削除された。

（判例時報一四三五号、一九九二年）

36 イタリア刑事法の改正とマネロン条約の批准

＊マネロン条約を批准するために刑事訴訟法を一部改正▼マフィア犯罪と戦うためにマネロンの前提犯罪の範囲を拡大▼犯罪捜査の手法を強化

一 マネロン条約の批准

一九九四年一〇月、パリで開かれる「麻薬中毒、エイズ」に関する国際会議に出席する前にローマを訪れた。今回、ローマを訪れたのは、ヴァチカン美術館にあるシスティナ礼拝堂（Cappella Sistina）のフレスコの大壁画と天井画を見るためであった。

かのミケランジェロ（一四七五―一五六四）は、教皇ユリウス二世の命によって、一五〇八年から四年間を費して描いた。正面の大壁画は、「最後の審判」、天井画は、旧約聖書の天地創造からアダムとイヴ、ノアの洪水、その他の神話などを示している。人類の文化遺産ともいうべきこれらの絵画は、五〇〇年近い歳月の経過につれて、色あせ、ほこりをかぶったりなどした。そこで、専門の修復士数人が、数年かけてその修復を行い、それが見事に昨年春、完成した。

およそ五世紀を経て、昔の色あざやかによみがえった大壁画と天井画は、見る人の心に深い感動を呼ぶほど実にすばらしいものであった。

閑話休題。ローマを訪れたついでに、ローマ大学のフロジーニ（Vittorio Frosini）教授と在イタリア日本大使館の鈴木基久一等書記官から、イタリアのマネー・ロンダリング規制に関する最新の立法条文集を提供していただいた。

特筆すべきは、イタリアが一九九三年八月九日法律三二八号で、（同年八月二九日施行）「マネー・ロンダリング条約」（一九九〇年一一月八日、フランスのストラスブールで締結）（以下「マネロン条約」と略称）を批准したことである。このマネロン条約（本書**5**参照）は、組織犯罪を制圧するため、薬物犯罪からの収益のマネロンを罰するだけではなく、すべての犯罪に由来する収益のマネロンを罰するとともに、それらの収益を剝奪するための強力な措置を織り込んでいる。

マネロン条約を批准するためには、国内法の整備を必要とする。イタリアは、九三年法律三二八号（以下「本法」という）で、刑法典および刑事訴訟法典に必要な改正を行った。わが国では、一九八八年の国連の麻薬新条約を批准するため、いわゆる麻薬二法が制定され、規制薬物特例法（平成三年法律九四号）が、マネロンの処罰、不法収益の没収等の制度を整備している。これに対し、イタリアは、基本法である刑法典と刑訴法典の改正により、国内法の整備を図った。

さて、本法が刑法典にほどこした改正は、次のとおりである（改正前の条文については、森下訳『イタリア刑法典』（法務資料四三二号）を参照されたい）。

第六四八条(1)**（盗品等）**

③　本条の規定は、金銭又は物の由来する犯罪の正犯が帰責不能〔責任無能力〕若しくは不可罰であるとき、又はその犯罪の訴訟条件の一が欠如するときにも、適用する。

（1）　第二項は、「所為が特に軽微であるときは、刑は、六年以下の懲役及び一〇〇万リラ以下の罰金とする。」と規定する。

第六四八条の二（資金洗浄）

① 犯罪の競合の場合のほかで、非過失の犯罪から由来する金銭、財産その他の利益を交換し若しくは移転し、又は犯罪的な出所の同一性の確認を妨げる方法でその他の行為をした者は、四年以上一二年以下の懲役及び二〇〇万リラ以上三、〇〇〇万リラ以下の罰金に処する。(2)

② 前項の行為が業務の遂行に当たって犯されたときは、刑を加重する。

③ 金銭、財産その他の利益が五年以下の懲役にあたる罪に由来するときは、刑を減軽する。

④ 第六四八条最終項の規定を適用する。

（2）　一リラは、現在、約七円である。本条の罪の名称「資金洗浄」は、イタリア語でriciclaggio（リチクラッジョ）となっている。これは、直訳すると、再生使用、リサイクルを意味する。

本法による改正前、マネロンの前提犯罪は、加重強盗、加重恐喝、恐喝目的の監禁、薬物の製造・不正取引の罪に限定されていた。改正法がこの限定を取り除き、前提犯罪の範囲を非過失のすべての犯罪にまで拡大したことは、注目すべきである。

第六四八条の三（不法に得た金銭、財産又は利益の利用）

① 犯罪の競合の場合並びに第六四八条及び第六四八条の二に規定する場合のほかで、犯罪に由来する金銭、財産又はその他の利益を経済活動又は財政活動において利用した者は、四年以上一二年以下の懲役及び二〇〇万リラ以上三、〇〇〇万リラ以下の罰金に処する。

②　前項の行為が業務の遂行に当たって犯されたときは、刑を加重する。
③　第六四八条第二項の場合には、刑を減軽する。
④　第六四八条最終項の規定を適用する。
本法による改正前の規定では、本罪の行為の客体となる金銭等は、加重強盗、加重恐喝、恐喝目的の監禁、薬物の製造・不正取引の罪に限定されていた。マネロンを罰する前条（六四八条の二）がこの限定を取り除いたのに呼応する形で、本条も、この限定を取り除いた。
本条は、盗品等に関する罪にもマネロン罪にも該当しないが、不法に得た金銭等を投資その他の方法で利用する行為を罰するものであるので、本条の改正は重要な意味をもつ。

二　刑訴法にほどこされた改正

刑訴法にほどこされた改正のうち、要点をお伝えする。

第七二四条（裁判段階の手続）

⑤の2　〔外国の〕嘱託書の実施が国内における捜査又は刑事手続の支障となるときは、その実施を中止することができる〔追加規定〕。

第七三三条（〔外国判決〕認知の要件）

①の2　第七三五条の二（没収のための捜査及び差押え）の場合を除いて、外国判決は、同一の所為につきイタリア法に従えばイタリア国で没収手続をすることができない財産を没収の対象物とするときは、没収の執行のためには認知することができない〔追加規定〕。

ここで認知（riconoscimento）とは、刑法一二条（外国刑事判決の認知）に見られるように、確定した外国刑事判決に内国判決と同一の効力を認知することを意味する。なお、ここにいう没収（confisca）は、わが国の没収と追徴を含む広義のものと解される。

第七三五条の二（一定の金額の徴収を内容とする没収）

犯罪の報酬、産出物又は収益の価値に相応する金額の徴収を内容とする没収に係る外国の要請を実施する場合には、第七三五条第二項に規定する刑の限度に関する規定を除いて、金銭刑の執行規定を適用する。

第七三七条の二（没収のための捜査及び差押え）

① 国際協定に定める場合には、司法大臣は、没収の執行の要請の対象となることあるべき物につき、捜査又は差押えをすることを求める外国当局の要請に応ずべき旨を命ずる。

② 前項の目的で、司法大臣は、没収の執行のために、外国判決を認知する権限を有する控訴院の検事長に関係書類と共に〔前項の〕要請を送付する。検事長は、第七二四条に定めるところに従って決定をなすべき旨を控訴院に求める。

③ 次の場合には、捜査又は差押えの要請を実施することができない。

a　要請に係る行為がイタリア国の法秩序の原則に反し、若しくは法律で禁止されているとき、又は同一の所為につきイタリア国内で行われるとすれば是認されないであろうような行為に関するとき。

b　没収の執行要件を具備していないと思料すべき理由があるとき。

④　捜査の執行については、第七二五条（嘱託書の実施）の定めるところに従う。
⑤　差押えの要請の場合には、第七二五条の規定を適用する。
⑥　差押えが行われた日から二年以内に外国が没収の執行を要請しないときは、本条により命ぜられた差押えは、その効力を失い、控訴院は、差し押えられた物をその権利者に返還することを命ずる。この期間は、二年ごとに何回でも更新することができる。差押えを命じた控訴院は、申立てに基づいて更新の決定をする。

第七四五条（外国に対する保全処分の要請）

②の2　司法大臣は、国際協定に定める場合には、外国に存在する物であって、没収の執行の対象物となりうるものの同一性確認のための捜査及び捜索並びにその差押えを要請する権限をも有する。

イタリア刑訴法は、第一一篇「外国当局との司法関係」（六九六条から七四六条まで）において、国際刑事司法共助に関する体系的規定を設けている。その第二章は「犯罪人引渡し」、第三章は「国際的嘱託書」（Rogatorie internazionali）、第四章は「外国刑事判決の効力。イタリア刑事判決の外国における執行」となっている。

マネロンが国越的に（すなわち、二国以上にまたがって）行われ、その結果、犯罪収益の剝奪も外国当局との協力によって達成されうるのであるから、これに関する国内法制の整備は、当然、必要である。

イタリアは、すでに一九九〇年法律五五号（マフィア型犯罪防止法）により、薬物犯罪に関してのみならず、加重強盗、加重恐喝等の罪に関してもマネロン等の行為を罰することとし（刑法六四八条の二、六四八条の三）、これに伴い、手続法の領域でも必要な整備を行った。

九三年法による刑訴法の一部改正は、マネロン条約の批准に伴う必要な整備であるので、この整備部分だけを紹介しても、読者には理解困難な点があるのではないか、と思われる。

一九九〇年一一月八日のマネロン条約の全文の仮訳は、拙著『国際刑法の基本問題』（一九九六年、成文堂）に掲げられている。この訳文とイタリア刑訴法の改正部分とを対比していただければ、幸いである。

イタリアがマネロン条約を批准したことの意義は大きい。フランスは、マネロン条約を批准するため、マネロン処罰法案を国民議会に提出した（一九九六年五月、処罰法成立）。フランス新刑法（一九九四年三月施行）は、麻薬の不正取引に関してのみマネロンを罰している（二二二条―二二三八条）。マネロン条約を批准するためには、イタリアの九三年法によって実現されたと同様に、マネロンの前提犯罪の範囲をすべての犯罪にまで拡大するとともに、没収、差押え等に関する法制を整備する必要がある。

いま、伝統的な刑事法について大きな変革が始まっているように思われる。

（判例時報一五一四号、一九九五年）

37　イタリア刑事訴訟法における証言拒絶権

＊　司祭は、命に代えても告白の秘密を守るべき教会法上の義務を負う▼裁判で、証人として証言を求められたとき、司祭はどうするか

一　告白の秘密

晴天の霹靂（へきれき）とは、このことであろうか。

一九九三年一二月二九日の朝日新聞には、「信徒の告白を神父が明かす」という見出しの下に、「『伊刑事局長爆殺にかかわった』と、ざんげ」「検察当局、名前の公表求め近く聴取」という副見出しがつけられた記事が載せられた。それによれば、――

イタリアのマフィアの本拠、シチリア島の州都パレルモで反マフィア運動の先頭に立つパオロ・トゥルトゥーロ神父がクリスマスの深夜ミサの説教で、一九九二年同島で起きたファルコーネ（Giovanni Falcone）司法省刑事局長爆殺事件に係わったという二十二歳の男が同神父に罪を告白し、「泣きながら赦しを乞うた」ことを明らかにした。神父にその男の名前や告白の内容を知らせるよう求めて拒否された検察当局が、あらためて近日中に神父から事情聴取をすると決めたことで、大きな波紋が広がっている。

これについては、批判と肯定の見解が表明されている。

批判的見解を表明したのは、神学者や神父である。「そんな事実を伝える必要はない。こんどのような間接的な違反でも、結果として告白者の名前がわかれば、深刻なことになる」というのである。

一方、賛意を表したのは、左翼民主党の機関誌ウニタ（Unita）（「統一」「一致」の意味をもつ）である。「ミサで明らかにしたことは好ましいことではないかもしれないが、日々不安に駆られ、疑心暗鬼になっているマフィアや、マフィアに抵抗することを決心し、ますます勇気をもつ一般の人々の双方に、強い影響を及ぼすと思う」と肯定している。——

ファルコーネ判事は、一九九二年五月二三日、ローマから秘密機でパレルモ空港に着き、市内に向かった約一〇分後、道路下を通る排水管に仕掛けられた一トン爆弾の爆発によって、妻、警備の警官三人とともに死亡した。検察当局は、一九九三年一一月、殺人罪の容疑で一八人に逮捕状を出し、大半は、すでに他の容疑で逮捕されている。

さて、冒頭に晴天のへきれきと書いたのは、カトリックの神父は、信者から聴いた告白(confessio ざんげ）を絶対に洩らすことはないからである。

このことは、「海外刑法だより（22）」の「告白の秘密」（判例時報一一七九号）でも書いた。「絶対に」とは、生命に代えても、ということである。現に、「告白の秘密を洩らす」と国王から強要されたが、これを拒否したため殺された神父がいる。

カトリック教会法典第九八三条は、次のとおり規定する（『カトリック新教会法典』の訳文による）。

第九三八条〔告白の秘密保持の義務〕

(1) 秘跡上の秘密は不可侵である。したがって、聴罪司祭は、ことば又は他のいかなる方法をもってしても、またいかなる理由に基づいてもゆるしの秘跡を受ける者を決して裏切ってはならない。

(2) 秘密を守るべき義務は、通訳が立てられる場合には通訳及び告白による罪の内容を何らかの方法をもって知った他のすべての者にも及ぶ。

ここで「ゆるしの秘跡」(sacramento paenitentiae) とは、告白 (告解ともいう) の秘跡のことである。告白の秘密保持の義務を直接犯した聴罪司祭は、破門の制裁に処せられ、また、間接に犯した者は、犯罪の重さに従って処罰される (教会法典一三八八条)。

これは、全世界に現在、一一億人の信徒をもつカトリック教会を規律するカトリック教会法典(Codex Iuris Canonici) の規定である。それゆえ、教会法は、国家主権にもとづいて制定される国内法とは次元を異にするので、その場所的適用範囲も同じではない。

シチリア島のトゥルトゥーロ神父は、告白の秘密を直接には洩らしていない。つまり、だれが、いつ、どういう内容の告白をした、とは言っていない。では、告白の秘密を間接的に侵犯したであろうか。上記の批判的見解を表明した神父は、「こんどのような間接的違反でも……」と言っている。しかし、「間接的侵犯」にも段階があるのではなかろうか。

この点につき、イエズス会のI神父(在東京)は、わたくしの質問に対し、トゥルトゥーロ神父の発言は告白の秘密の侵犯にはならない、と答えた。なるほど、表面的には、この発言は、「夫婦げんかをしました。浮気をしました、という告白をした信者がいる」という発言と同類項のものであろう。とはいえ、仮に「二〇歳すぎの男が告白場に入るのを見た。彼は、泣いて告白していた」と言う者が現れたとすると、結果として告白者の割出しにつながる可能性がある。

新聞によれば、神父に男の名前や告白の内容を知らせるよう求めて拒否された検察当局が、あらためて近日中に神父から事情を聴取すると決めた由である。その後の経緯は知らないが、恐らくトゥルトゥーロ神父は、検察当局の事情聴取に応じないであろうし、告白の秘密は、一命を賭しても守るであろう。それにしても、検察当局は、聴罪司祭が絶対に告白の秘密を洩らすことはないと知りながら、なぜ、事情聴取をしようとするのか。そこには、われわれの察知しえないほど深刻なマフィア犯罪の実態があるからであろう。

二　刑事訴訟法上の証言拒絶権

一九八八年制定（八九年施行）のイタリアの新刑訴法における証言拒絶権を概観しよう。

まず、第一九八条（証言義務）は、「証人は、……真実に従って尋問に答える義務を負う。」（一項）、「証人は、自己が刑事責任を問われることのある事実につき証言する義務を負わない。」（二項）と規定する。

第一九九条（近親者の証言拒絶権）

① 近親者〔刑法三〇七条四項参照〕は、証言の義務を負わない。ただし、近親者が告訴、告発もしくは〔訴追の〕請求をしたとき、又は近親者の一人もしくは数人がその罪の被害者であるときは、証言の義務を負う。

（二項、三項省略）

第二〇〇条（業務上の秘密）

① 次に掲げる者は、自己の宗教上、職務上又は業務上の理由により知り得たことにつき証言する義務を課せられることはない。ただし、司法当局にそれを告知すべき義務を負う場合〔刑訴三三一条、三三四条参照〕は、この限りではない。

a　イタリアの法秩序に抵触しない教義をもつ教団の聖職者
b　弁護士、司法代理士、専門コンサルタント及び公証人
c　医師、外科医、薬剤師、助産婦その他保健業務に従事する者
d　その他法律が業務上の秘密を守るため証言拒絶権を認めている職務又は業務に従事する者（注1）

（注1）　薬物治療センターの職員などが、これに当たる。

②　裁判官（注2）は、証人の申し出によっては証言拒否を認めるには不十分であると認めるときは、必要な立証を命ずる。その立証が不十分であるときは、裁判官は、証人に証言を命ずる。

（注2）　訴訟法上の裁判所を意味する。

③　第一項及び第二項の規定は、職業名簿に登録されている職業ジャーナリストにつき、彼らが業務を遂行するに当たり内密に知り得た人の名前に関して適用される。ただし、その情報が訴追に係る罪の証明のために不可欠であり、かつ、情報の真実性がその情報源を明らかにすることによってのみ確証されうるときは、裁判官は、そのジャーナリストに情報源を明らかにすることを命ずる。

第二〇一条（公務上の秘密）　略

第二〇二条（国の秘密）　略

イタリアは、カトリックの国である。一九四七年の憲法七条は、「国家とカトリック教会は、それぞれの固有の領域において独立かつ最高である。」と規定する（一項）。憲法上、信教の自由は認められているものの、カトリック教会は、特別の地位を認められている（八条）。それでは、カトリックの司祭が信者の告白を聴いて知り得た秘密に係る証言拒絶権については、他の宗教宗派の職にある者（またはその職に

あった者）よりも強力な保護が与えられているか。

一九七五年のオーストリア刑訴法一五一条は、「聖職者は、告白において、又は聖職者としての秘密厳守の約束の下で打ち明けられたことにつき」証人として尋問されてはならず、これに違反したときは、その証言は無効とされる旨、規定する。

これに類似する規定は、イタリア刑訴法には見当たらない。恐らく、それは、憲法八条一項が「すべての宗教は、法律の前に等しく自由である。」と規定するからであろう。それゆえ、カトリックの司祭が裁判所に証人として召喚されることはありうる。しかし、司祭は、仮に証人として出廷しても、こと告白に関しては、証言を拒むことは、間違いない。

では、「Aが、いついつのころ、あなたのところに来て告白したことがあるか」との尋問については、どうか。イエズス会のI神父（在東京）によれば、「そのような尋問については、すべて証言を拒絶する。なぜなら、それについて証言することは、告白の秘密の間接的侵犯につながる可能性があるから。」とのことである。

トゥルトゥーロ神父に罪を告白した男は、泣きながら赦しを乞うた由である。このときの「罪」は、宗教上の罪（peccatum）を意味する。神父は、恐らく、警察に自首をするよう、男に勧めたであろう。ところで、もし、男が泣いて罪の告白をしているのを告白場の傍で他の信者Xが洩れ聞いたとする。Xは、教会法九三八条二項により告白の秘密保持の義務を負う。この義務は、絶対的である。それにもかかわらず、聖職者でないXについては、刑事訴訟法は、証言拒絶権を認めていない。Xが証人として召喚され、尋問されたとき、Xは、教会法上の秘密保持義務と刑訴法上の証言義務との義務衝突に陥る。

Xが証言を拒めば、処罰される可能性がある。(刑法三七二条)。Xは、処罰されることを覚悟の上で、証言を拒むであろう。

しかし、検察官は、恐らくXを起訴しないであろう。なぜなら、検察官は、教会法上の告白の秘密保持義務が絶対的であり、かつ、刑訴法上の証言義務に優越することを認識しているであろうから。義務衝突の理論によれば、Xの証言拒絶は正当行為に当たると解される。

(判例時報一四九三号、一九九四年)

〈著者紹介〉

森下　忠（もりした・ただし）
1924年　鳥取県に生まれる
1950年　京都大学法学部卒業
1962年　法学博士（旧大学令による）
現　在　広島大学名誉教授
　　　　岡山大学名誉教授

〔主要著書〕
緊急避難の研究（1960年・有斐閣）
緊急避難の比較法的考察（1962年・有信堂）
国際刑法の新動向（1979年・成文堂）
国際刑事司法共助の理論（1983年・成文堂）
犯罪人引渡法の理論（1993年・成文堂）
国際刑法の基本問題（1996年・成文堂）
刑法の旅　1（1998年・信山社）
刑法適用法の理論（2005年・成文堂）
刑法の旅　3（続刊）

刑法の旅 2　ヨーロッパ (1)

2005年(平成17年)11月30日　第1版第1刷発行

著　者　森　下　忠
発行者　今　井　貴
発行所　信山社出版株式会社
〒113-0033　東京都文京区本郷6-2-9-102
電　話　03（3818）1019
FAX　03（3818）0344

Printed in Japan

 印刷・製本／東洋印刷・和田製本
ISBN4-7972-1592-5 C3332 Y2900E

日本刑事法の理論と展望　上巻	森下忠・香川達夫・斉藤誠二　編	24,800
日本刑事法の理論と展望　下巻	森下忠・香川達夫・斉藤誠二　編	23,200
刑法の旅1	森下　忠　著	3,200
新しい国際刑法	森下　忠著	3,200
警察法	宮田三郎著	5,000
少年法の思想と発展	重松一義著	3,200
刑事裁判のテレビ報道	宮野　彬著	3,200
機能主義刑法学の理論	松澤　伸著	6,800
警察オンブズマン	篠原　一　著	3,000
刑事法廷のカメラ取材	宮野　彬　著	2,880
同一性識別の法と科学	デブリン著/庭山英雄監訳	6,000
企業活動の刑事規制	松原英世　著	3,500
犯罪論と刑法思想	岡本　勝　著	10,000
陪審制の復興	佐伯千仭　監修	3,000
フランス刑事法史	塙　浩　著	68,000
犯罪と刑罰のエピステモロジー	竹村典良　著	8,000
人身の自由の存在構造	小田中 聰樹 著	10,000
刑法の重要問題50選II各論	能勢弘之・本間一也・丹羽正夫	2,980
脳死と臓器移植［第3版］	町野朔・秋葉悦子	3,000
安楽死・尊厳死・末期医療	町野 朔, 臼木 豊 , 西村 秀二 , 山本 輝之 , 秋葉 悦子 , 丸山 雅夫, 安村 勉 , 清水 一成　著	3,000